T0107747

LE LANGAGE DE LA PERCEPTION

BIBLIOTHÈQUE DES TEXTES PHILOSOPHIQUES

Fondateur H. GOUHIER   Directeur E. CATTIN

John AUSTIN

LE LANGAGE
DE LA PERCEPTION

Traduction de
Paul GOCHET

revue par
Bruno AMBROISE

Introduction de
Bruno AMBROISE et Sandra LAUGIER

PARIS

LIBRAIRIE PHILOSOPHIQUE J. VRIN

6, Place de la Sorbonne, V^e

2019

J. Austin, *Sense and Sensibilia* © Oxford University Press, 1962
Sense and Sensibilia was originally published in English in 1962. This translation is published by arrangement with
Oxford University Press.

Armand Colin, 1971, *pour la première édition*

© *Librairie Philosophique J. VRIN*, 2007
pour la présente édition
Imprimé en France
ISSN 0249-7972
ISBN 978-2-7116-1765-4

www.vrin.fr

INTRODUCTION

Une idée largement répandue en philosophie de la perception – tellement prégnante qu'elle en vient à passer pour le sens commun – veut que la perception nous représente le monde (comme étant tel ou tel). La perception est ainsi pensée comme *représentationnelle* et fait alors figure d'interface entre le sujet percevant et le monde. Si je vois la vaste mer à l'horizon, c'est parce que je perçois la mer comme étant vaste à l'horizon, ou parce que je vois *que* la mer est vaste à l'horizon; ou encore parce que ma perception du monde me fournit des données telles que je vois la vaste mer à l'horizon. Je n'appréhende donc pas le monde « directement », mais *via* la perception que j'en ai et dont mon « esprit » doit prendre conscience d'une manière ou d'une autre. Le problème est alors de savoir si ce que j'appréhende du monde correspond, ou non, au monde tel qu'il est, étant donné que sa saisie – « indirecte » – est médiatisée. La vieille querelle du réalisme et de l'idéalisme resurgit donc – d'une manière récurrente depuis que Descartes et Locke ont posé le problème de la connaissance du monde sous le mode d'un sujet appréhendant le monde en lui faisant face.

Le petit livre d'Austin intitulé *Sense and Sensibilia* et traduit en français sous le titre *Le langage de la perception* visait précisément à sortir de ce dilemme récurrent en attaquant le problème à la racine, c'est-à-dire en attaquant sa formulation même, telle qu'elle était offerte dans les années 1950, en termes de *sense-data* que le sujet percevant devait appréhender pour prendre connaissance du monde. Or, les termes ont certes changé depuis Descartes jusqu'aux cognitivistes contemporains, mais la façon dont le problème est posé reste la même, malgré le choc causé par la parution en 1962 du petit livre dévastateur d'Austin. C'est pourquoi nous voudrions montrer ici toute l'actualité des propos d'Austin, actualité renouvelée en raison de l'intérêt grandissant qui leur est porté par le mouvement philosophique du « réalisme naturel », représenté au premier plan par Hilary Putnam et, depuis plus longtemps, par Charles Travis[1].

Comme nous l'avons évoqué, le livre d'Austin a connu un certain retentissement lorsqu'il a paru, puisque, depuis lors, personne n'ose plus dans le champ philosophique parler de *sense-data*, y compris leur plus fidèle défenseur et principale cible d'Austin dans le livre, A.J. Ayer. Cela ne veut pourtant pas dire que Austin a été compris – le ton polémique, voire parfois blessant du

---

1. Voir H. Putnam, *The Threefold Cord*, New York, Columbia University Press, 1999, et les articles de Ch. Travis, « The Silence of the Senses », *Mind*, vol. 13, 449, January 2004 ; « The Face of Perception », dans J. Conant (éd.), *Hilary Putnam : the Philosopher responds to his Critics*, Nashville, Vanderbilt University Press, à paraître. Voir également en France les travaux de J. Bouveresse, notamment *Langage, perception et réalité*, t. 1, Nîmes, J. Chambon, 1995, et les textes réunis sous le titre *Approches de la perception*, J. Bouveresse et J.J. Rosat (dir.), Paris, Odile Jacob, 2003.

livre [1], en étant probablement responsable. Le plus étonnant est que si l'on évite désormais de parler de *sense-data*, comme si les foudres austiniennes pouvaient à nouveau tomber, on ne rechigne pas à continuer de parler de « sensations », d'« impressions », d'« inputs sensoriels » et autres données intermédiaires entre le monde et nous, en refoulant donc la portée des arguments du livre de 1962 et en reconduisant de manière inlassable le vieux débat du réalisme et de l'idéalisme sous une forme à peine dissimulée. Alors que le principal propos d'Austin n'était pas tant de critiquer un concept philosophiquement creux (ce qu'il faisait certes également-ment) que de montrer que la raison de cette vacuité résidait dans la façon même dont on abordait le problème, c'est-à-dire en posant des alternatives stériles et beaucoup trop « scolastiques » (ou simplistes).

Ce que rejetait Austin, c'était toute une méthode d'analyse qui s'éloigne par trop du sens commun, c'est-à-dire des conditions d'usage avérées des mots ; mais ce rejet était peut-être précisément trop fondamental pour pouvoir être compris, encore moins admis, notamment parce qu'il empêchait alors de saisir précisément la « position » défendue par Austin. Il est ainsi curieux de voir Ayer, dans une réponse à Austin [2], s'évertuer à répondre point par point aux arguments d'Austin sans comprendre que la position méthodo-logique qu'il adopte dans sa réponse est précisément celle dont Austin a montré la vacuité – ou, pour être plus précis, dont il a

---

1. On sait que le livre d'Austin est une reconstruction, réalisée par G. Warnock, à partir de notes de cours et Ayer s'est plaint à sa parution que le ton de celles-ci était blessant à son égard et qu'il ne reflétait probablement pas la courtoisie dont aurait fait preuve Austin s'il les avait publiées lui-même.

2. A.J. Ayer, « Has Austin Refuted Sense-Data ? », *Synthese*, 1967.

montré l'absence totale de pertinence, de « réalisme » (en un sens sur lequel nous reviendrons). À tel point que les répliques d'Ayer semblent souvent sans pertinence aucune, même lorsqu'il admet la validité des propos d'Austin, pour qui a compris la portée des arguments – et, plus généralement, de la position méthodologique – de ce dernier : les deux protagonistes du débat ne parlent plus de la même chose, car ils ne partagent pas la même perspective [1].

Pour conjurer ce risque, essayons de comprendre la position méthodologique (et plus généralement « philosophique ») d'Austin en situant son intervention dans le débat de l'époque. Notons tout d'abord que la problématique dont il s'agissait, contrairement à ce que feignaient de croire la plupart des protagonistes du débat, ne concernait pas prioritairement la philosophie de la perception, mais la philosophie de la connaissance (empiriste). C'est en effet dans le contexte de la théorie de la connaissance qui se développe avec le renouveau de l'empirisme au XXe siècle (dont le principal objet est de reconstruire le savoir empirique sur la base des sensations) que la question de ce qui est perçu surgit et que sont introduites des entités intermédiaires dénommées *sense-data*. Voici comment on peut résumer l'argumentation proposée par Ayer pour les justi-fier[2]. L'homme de la rue croit que, lorsqu'il perçoit, il prend

---

1. Cela transparaît à nouveau dans la réponse que Ayer donne à une critique de sa propre réponse faite par L.W. Forguson : Ayer ne veut tout simplement pas voir en quoi la position qu'il adopte – et qui lui fait aborder le problème de la façon parti-culière dont il le traite – est une position *philosophique* que Austin entend rejeter parce qu'elle est infondée. Voir L.W. Forguson, « Has Ayer Vindicated the Sense-Datum Theory ? » et A.J. Ayer, « Rejoinder to Professor Forguson », dans K.T. Fann (éd.), *Symposium on J.L. Austin*, London, Routledge, 1969.

2. Voir A.J. Ayer, *Language, Truth and Logic*, Mineola, Dover, 1952, notamment chap. II, p. 46-58.

directement conscience de réalités matérielles. Mais la répétition d'un certain nombre «d'illusions» (les cas de réfractions, d'images réfléchies, de mirages, de double-visions ou d'hallucinations) montre au moins que ce n'est pas toujours le cas. Car, dans ce type de cas, on ne trouve aucune réalité matérielle dont on peut être conscient – du moins, en réalité, les choses ne sont pas comme elles lui apparaissent. Dans ce type de cas, c'est d'autre chose dont on doit être directement conscient lorsqu'on perçoit – puisqu'on perçoit bien «quelque chose» (l'illusion que l'on a). Pour dénommer ce type d'objet dont on est directement conscient, on peut introduire le terme technique «*sense-datum*». Or les cas d'illusions dans lesquels on est trompé par ses sens ne se distinguent pas intrinsèquement des cas où l'on n'est pas trompé de cette manière, puisque sinon on ne serait pas trompé (l'exemple du rêve est souvent invoqué). C'est une raison de conclure que ce que l'on perçoit toujours directement est un *sense-datum*, et non pas, comme le croit l'homme de la rue, une réalité matérielle. Et ces *sense-data* sont parfois «véridiques», parfois «trompeurs», selon que les choses sont, ou non, comme elles apparaissent. On obtient donc comme objets immédiats de la perception des *sense-data*, sur lesquels, en tant que tels, on ne peut pas se tromper et qui peuvent, le cas échéant, fournir les fondements sûr de la connaissance sensible (puisqu'il est toujours certain que je perçois bien ce que je perçois, je ne peux pas en douter), à partir desquels chacun peut construire un certain nombre d'inférences.

Austin critique à peu près chaque étape de l'argumentation, mais en revendiquant ne soutenir aucune position :

> Je *ne* soutiendrai *pas* – et cela est un point sur lequel nous devons nous entendre dès le début – que nous devrions être «réalistes» et

> adopter la doctrine selon laquelle nous percevons *vraiment* des choses (ou des objets) matériels. Cette doctrine ne serait pas moins scolastique et erronée que son antithèse. *La question* : « Percevons-nous des choses matérielles, ou des données sensibles ? » paraît sans doute très simple – *trop simple* (*LP*, p. 80).

Ces propos peuvent paraître étonnants puisqu'on ne voit alors pas très bien au nom de quoi Austin critique une position quelconque. Or il ne veut précisément pas se placer d'un point de vue philosophique particulier (la « thèse » qu'il défendrait), car celui-ci courrait le risque d'être aussi scolastique, c'est-à-dire détaché de la pratique du langage ordinaire, que son antithèse. Ceci explique pourquoi, si Austin défend le réalisme de l'homme ordinaire, il ne prétendra jamais défendre la position *philosophique* réaliste. Austin ne se veut en effet ni réaliste, ni idéaliste, mais respectueux de l'usage des termes – respect qui le conduit à voir que l'antithèse même dans laquelle on pose le problème est stérile [1]. Comme le dit C. Alsaleh, « il se réserve le droit de montrer que les termes du problème sont mal posés, et ce, tout simplement, parce que les mots ne sont pas employés correctement » [2]. Le problème est alors de savoir en quoi consiste l'usage correct des mots et d'où vient sa légitimité. Austin entend faire du langage ordinaire et de ses usages la pierre de touche de tout usage correct – or c'est précisément ce dont se démarque Ayer, avec maints autres philosophes qui considèrent que le langage ordinaire n'est pas suffisamment rigoureux et qu'il convient plutôt d'utiliser un

---

1. Comme il le dit : « La bonne politique sera de revenir à une étape antérieure et de démanteler toute la doctrine avant qu'elle ne prenne son envol » (*LP*, p. 236).

2. C. Alsaleh, *J.L. Austin et le problème du réalisme*, Thèse de doctorat en philosophie, Université de Picardie, 2003, p. 31.

langage plus technique[1]. Austin doit donc défendre l'idée que le respect des conditions d'usage du langage ordinaire conditionne toute parole sensée et montrer que la légitimité d'un discours n'existe qu'à respecter ces conditions (ce qui n'exclut naturellement pas la création d'un langage technique dès lors qu'il respecte ces conditions). Pourquoi donc le langage ordinaire aurait-il acquis de façon unique cette capacité à être utilisé correctement, de manière à devenir le paradigme de tout discours? C'est parce que, nous dit Austin,

> notre réserve commune de mots contient toutes les distinctions que les humains ont jugé utile de faire, et toutes les relations qu'ils ont jugé utile de marquer au fil des générations. Et sans doute sont-elles susceptibles d'être plus nombreuses et plus solides – puisqu'elles ont résisté au long test de la survie du plus apte – et plus subtiles, au moins en ce qui concerne les domaines de la pratique ordinaire raisonnable, que celles que nous pourrions, vous ou moi, trouver, installés dans un fauteuil, par un bel après-midi – alternative méthodologique la plus appréciée[2].

Le langage ordinaire a donc pour avantage d'être fondé *dans la pratique et dans l'histoire*, puisque son utilisation a dû s'avérer précisément *utile* – ce qui a pour conséquence directe de rendre possible la *vérification* qu'il est utilisé à bon escient, pour dire des choses *déterminées*, étant données ses conditions d'usage déterminées par son histoire. Ce qui fait la force du langage ordinaire, c'est qu'il a réussi à passer le test de l'histoire en ce sens que son

1. C'est typiquement la réponse de Ayer aux objections d'Austin, dans «Has Austin Refuted Sense-Data?», art. cit.

2. Austin, «A Plea for Excuses», dans *Philosophical Papers*, Oxford, Oxford University Press, 1962; trad. fr. L. Aubert et A.-L. Hacker, *Écrits philosophiques*, Paris, Seuil, 1994, p. 144.

usage s'est avéré payant pour répondre à des fins et des besoins pratiques ; il s'est notamment avéré fructueux pour faire des distinctions fines dans le réel lorsqu'il est utilisé à des fins descriptives. En tant que tel, son usage a été fécond et, suivant une logique de sélection naturelle, seul les usages corrects ont pu être conservés, en même temps qu'ils ont pu se diversifier et se raffiner[1]. L'usage du langage ordinaire (notamment pour dire le monde) dispose donc de la légitimité de son histoire et de sa pratique – ce dont peut disposer un langage technique dès lors qu'il respecte ou se donne le même type de conditions d'usage. Or Austin reproche précisément au langage technique inventé par les philosophes de ne pas respecter, assez généralement, ces conditions d'usage – sinon de violer allègrement celles qui existent déjà – et de devenir un langage purement « scolastique », dont l'usage est proprement invérifiable en ce sens qu'il n'a plus de conditions définies et concrètes d'application. C'est précisément le cas du langage de la plupart des philosophes qui entendent défendre une position « réaliste » ou « idéaliste » en se fondant sur une analyse de la perception vue comme « directe » ou « indirecte » (le réalisme étant associé à une « perception directe du monde » et l'idéalisme à une « perception indirecte du monde », médiatisée par des réalités de type généralement spirituel). Mais les mots « direct » et « indirect », pour prendre ce seul exemple, ne sont pas utilisés ici pour faire des distinctions admises (puisque, comme le montre Austin, on ne dit pas d'une chose vue « par l'intermédiaire de lunettes » qu'elle est vue indirectement, ou qu'une médiation s'introduit entre elle et nous de telle sorte que nous ne savons pas vraiment

---

1. Voir par exemple *LP*, p. 147, où Austin fonde la détermination de la signification du mot « réel » sur son histoire.

comment elle est réellement) et leur usage philosophique ne respecte plus les critères généralement admis (étant donnée l'histoire commune de ces termes) de son usage commun. Le philosophe pourrait alors prétendre construire un langage technique ayant ses propres conditions d'usage, mais le problème est que, comme le montre alors Austin, soit les critères donnés ne permettent de faire aucune distinction et sont dès lors creux ; soit aucun nouveau critère n'est donné et l'on recourt alors en douce aux termes ordinaires sans en respecter les conditions d'emploi. Autrement dit, le discours philosophique a généralement tendance à ne pas se donner les moyens de ses prétentions en tenant des propos qui n'ont pas de conditions d'usage et qui n'ont donc finalement aucune condition d'intelligibilité.

C'est pourquoi selon Austin, il convient toujours de commencer par une analyse du langage ordinaire lorsqu'on entend faire de la philosophie, afin de considérer si ce dont on parle est intelligible, avant de commencer à bâtir un certain nombre de théories ou d'adopter des positions philosophiques, dont la pertinence supposée pourrait bien s'évanouir une fois considérées les conditions réelles d'usage des termes du débat. C'est le premier réquisit de sa « méthode », qui vient ancrer celle-ci dans la réalité des usages du langage – et qui fonde donc ce qu'on pourrait appeler un « réalisme des usages ». Mais Austin doit alors montrer en quoi ce respect assez scrupuleux du langage ordinaire lui permet encore de faire de la philosophie et notamment de parler du réel – et pas seulement du langage.

« Phénoménologie linguistique » et enjeux d'une méthodologie

Même si Austin peut, par certains aspects de sa démarche, se rapprocher de la méthode socratique, il est clair que l'appel méthodologique et critériel à la pratique linguistique de « l'homme de la rue » est inédit dans l'histoire de la philosophie et peut même apparaître anti-philosophique. En quoi, en effet, le fait de s'intéresser aux conditions d'usage du langage va-t-il nous permettre d'en apprendre plus sur les problèmes philosophiques ? C'est que, à supposer que ceux-ci soient fondés – répondra Austin – on ne peut faire autrement que de les aborder au moyen du langage, qui est précisément le seul instrument nous permettant de parler du réel – le langage ordinaire étant précisément celui qui, étant donnés les caractéristiques déjà vues, se révèle le plus apte à en parler. Telle est l'idée qui motive le nom qu'Austin a donné à sa méthode : la phénoménologie linguistique, qu'il expose ainsi :

> Étant donnée la prédominance du slogan « langage ordinaire » et d'expressions comme philosophie « linguistique » ou « analytique », ou encore l'« analyse du langage », il faut insister tout particulièrement sur une chose pour éviter les malentendus. Quand nous examinons ce que nous dirions quand, quels mots employer dans quelles situations, encore une fois, nous ne regardons *pas seulement* les mots (ou les « significations » quelles qu'elles soient), mais également les réalités dont nous parlons avec les mots ; nous nous servons de la conscience affinée que nous avons des mots pour affiner notre perception, qui n'est toutefois pas l'arbitre ultime, des phénomènes. C'est pourquoi je pense qu'il vaudrait mieux utiliser, pour cette façon de philosopher, un nom moins trompeur

que ceux mentionnés plus haut, par exemple «phénoménologie linguistique», mais quel nom que celui-ci [1] !

La méthode d'analyse austinienne qui se fonde sur les usages ordinaires du langage emploie en effet un outil privilégié : la recherche (collective) consistant à savoir *ce que nous dirions quand* – recherche qui entend déterminer ce qu'il *faudrait dire dans certaines situations*. L'analyse austinienne est donc a) normative et, immédiatement, b) en rapport avec le réel. a) Elle est normative parce qu'elle entend préciser ce que tout locuteur d'un langage donné dirait «normalement» pour caractériser une situation. Il s'agit ici de se fonder sur l'expérience de sa propre langue dont dispose chacun pour déterminer des sortes de normes de l'usage correct. Telles sont en fait les données sur lesquelles se fondent les recherches austiniennes. Car les «faits» dont dispose le philosophe sont ceux que «ceux qui se servent de notre langue depuis des siècles ont pris la peine de noter, ont retenus comme dignes d'être notés au passage, et conservés, dans le courant de l'évolution de notre langue» [2]. Austin ajoute que «par la recherche impartiale d'un "Qu'est-ce qu'on dirait quand?", cela nous donne un point de départ, parce que [...] un accord sur le "Qu'est-ce qu'on dirait quand?" entraîne, constitue déjà, un accord sur une certaine manière, *une*, de décrire et de saisir les faits» (*ibid.*, p. 334) Il peut donc y avoir plusieurs manières de décrire et de saisir les faits. Mais on peut s'accorder, dans le cadre d'un groupe de locuteurs donnés, sur *une* manière de décrire et de saisir les faits. Ces «données» sont donc censées posséder une certaine objectivité, car elles sont d'une

1. Austin, «A Plea for Excuses», art. cit., p. 182.
2. J.L. Austin, «Performatif – constatif», dans *Cahiers de Royaumont: la philosophie analytique*, Paris, Minuit, 1962, p. 335.

part accessibles à tout le monde et d'autre part validées, ou non, par une éventuelle communauté de locuteurs[1]. On doit ainsi pouvoir réussir à se mettre collectivement d'accord non seulement sur ce qu'on dirait dans certaines circonstances, mais également sur ce qu'il *conviendrait* de dire dans ces circonstances.

b) Or ces normes ne sont pas simplement des normes du langage – elles sont des normes du langage *parlant de la réalité*, d'une part parce que le langage utilise des mots pour dire des choses à propos du monde[2], et d'autre part parce que le langage s'utilise toujours en situation, dans un contexte mondain. Pour résumer, le langage ordinaire *ne* s'utilise *jamais* de manière *gratuite*. Si nous disons quelque chose, c'est précisément pour faire quelque chose par notre langage[3], pour dire *certaines* choses et non pas d'autres, pour servir *certains* intérêts, pour marquer *certaines* distinctions. C'est donc le caractère motivé de l'usage du langage qui lui donne un certain nombre de conditions d'usage, qui sont autant de conditions mondaines. Parler du chat comme étant sur le tapis, c'est ainsi le faire dans une situation où utiliser les mots pour dire ce qu'ils signifient a une *pertinence* pour caractériser quelque chose de précis; en l'occurrence, par exemple, que le chat est sur le tapis et non pas sur le fauteuil; ou qu'il est sur le tapis et donc pas en

1. C'est la raison d'être des « Saturday Mornings », ces réunions du samedi matin où se réunissaient les philosophes d'Oxford pour discuter des usages de certains mots. La collégialité de la discussion était censée garantir un accord possible sur les résultats de celle-ci.

2. Voir notamment l'article important d'Austin, « Truth », dans *Philosophical Papers*, *op. cit.*, trad. fr., p. 92-112.

3. D'où l'autre aspect de l'œuvre d'Austin: la théorie des actes de parole, exposée dans *How to Do Things With Words*, Oxford, Oxford University Press, 1962; trad. fr. G. Lane, *Quand dire, c'est faire*, Paris, Seuil, 1962.

train de courir après les souris. On comprend donc que, d'un point de vue *pratique*, l'emploi des mots doit avoir une légitimité, qu'il lui faut des circonstances faisant que son usage a un sens ou qu'il est pertinent. Par exemple, une question ne se pose, une description ou une qualification n'est appropriée, que si une alternative est possible. C'est précisément le cas du petit mot « indirect », dont l'usage n'est légitime qu'à vouloir distinguer ce qui est indirect de ce qui est direct – mais qui suppose par conséquent la possibilité du cas « direct ». Le problème est que l'usage qu'en font les philosophes critiqués par Austin n'admet généralement pas ce contraste, ou ne permet du moins pas un contraste intelligible. La perception est « indirecte », nous disent-ils – mais que serait une perception « directe » ? Le cas contrastant n'ayant pas de sens, le contraste posé n'en a pas non plus. Dès lors, ces philosophes ne qualifient rien en disant de la perception qu'elle est indirecte – que leur usage du terme soit technique ou pas – et ils ne *disent* finalement rien.

En fait, on s'aperçoit qu'une reconstruction « logique », comme celle défendue par Ayer, assume de nouveaux usages des mots qui s'avèrent gratuits, non motivés. Cela interdit aux mots toute correction possible. Seuls leurs usages historiquement situés permettraient aux mots de vouloir dire quelque chose. Mais fonder une analyse sur la simple *possibilité* de l'illusion, comme le fait Ayer[1], c'est se situer en dehors de l'usage concret des termes et c'est jouer avec les mots. Ce pourquoi Ayer n'a véritablement pas compris la critique austinienne, comme le prouve sa réponse. Ayer veut prouver quelque chose de manière logique, alors qu'Austin considère qu'en l'occurrence, cela n'a pas de sens. On est alors

---

1. Voir notamment A.J. Ayer, « Has Austin Refuted Sense-Data ? », art. cit., p. 299.

pour lui en pleine reconstruction scolastique, qui ne tient aucun compte de l'usage des termes ordinaires – de leurs critères (à un moment, Austin dit que si on s'autorise à parler aussi libéralement que le fait Ayer, alors on peut probablement dire n'importe quoi avec raison). Les distinctions logiques qu'Ayer veut dresser ne font pas sens dans l'usage ordinaire (elles n'ont pas de pertinence). Sur un plan logique, il est certes fondé à le faire – mais il n'analyse alors pas la connaissance dans ses procédures ordinaires. Car, comme on le voit, il n'y a pas de critères généraux pour déterminer une chose ; il y a seulement des critères contextuels, relatifs aux objectifs et aux circonstances, pour faire une distinction. Telle est l'une des considérations épistémologiques majeures d'Austin :

> Il devrait donc être parfaitement clair qu'on ne peut formuler de critères *généraux* pour distinguer le réel et le non-réel. La manière dont cela doit être fait doit dépendre de *ce* par rapport à quoi le problème se pose dans les cas particuliers. En outre, même pour des genres particuliers de choses, il peut y avoir de nombreuses manières différentes de faire la distinction (il n'y a pas qu'*une* manière de « ne pas être un cochon réel ») (*LP*, p. 163).

On comprend alors mieux quels sont les enjeux de la phénoménologie linguistique : il s'agit de pouvoir se mettre d'accord sur *ce-que-nous-dirions-quand* afin de recenser les cas (toujours particuliers) où une expression s'applique de manière appropriée, parce qu'elle sert alors à faire des distinctions motivées par les intérêts pratiques entrant en jeu dans la situation. Austin s'oppose avant tout à l'empirisme, car « le Donné dont doit partir le philosophe, y compris l'empiriste le plus convaincu, c'est un accord sur *ce que nous dirions quand*, c'est-à-dire sur la manière dont nous emploierions un mot ou une expression donnés dans telle ou telle situation, et pas vraiment le Donné de la sensibilité, auquel il réserve pourtant une place tout à fait honorable. Cette position d'Austin, qui peut être prise comme un simple impératif méthodologique, a une portée théorique : les innovations conceptuelles sont possibles, et même recommandées, mais elles ne peuvent pas se faire en référence à un schème conceptuel. Elles doivent être l'objet d'un *accord* »[1].

Du « réalisme naïf » au réalisme naturel

L'absence de position philosophique revendiquée par Austin revient apparemment à une position souvent qualifiée par les philosophes de « réalisme naïf ». En refusant l'analyse philosophique de la perception, Austin ne ferait que rejoindre l'homme de la rue[2], dont le philosophe entend montrer précisément le caractère infondé des croyances en l'existence d'un monde matériel directement perçu. Il s'agirait là d'une position non-réflexive, d'où son caractère « naïf ». Il conviendrait de dissiper cette impression d'immédiateté, qui maintient l'homme de la rue dans l'erreur (même s'il s'agit d'une erreur inoffensive). Tel est l'objectif de l'argument de l'illusion, que nous avons évoqué auparavant et qui vise à montrer que la seule chose qui puisse être directement perçue est un *sense-datum*.

Austin entend montrer l'inanité d'un tel argument et rendre ainsi le réalisme naïf conscient de lui-même. Ce mouvement de retour au réalisme naïf qui s'opère au moyen d'une critique des

---

1. C. Alsaleh, *Austin et le problème du réalisme*, op. cit.
2. Un « voyage du familier vers le familier », comme le dit Putnam citant Wisdom, dans *The Threefold Cord*, op. cit., p. 42.

arguments adverses, nous le qualifierons, suivant en cela Hilary Putnam, de « réalisme naturel ». Il s'agit de la « position » (qui est plus une « attitude ») de l'homme pré-philosophique, mais passée au crible de l'analyse philosophique. Austin y (re)vient en montrant en quoi les positions philosophiques qui prétendent s'en éloigner sont infondées, car leurs arguments ne respectent précisément pas les critères du langage ordinaire, qui, nous l'avons vu, sont les seuls critères permettant de rendre signifiant le langage.

La critique de l'argument de l'illusion repose sur une « thèse » centrale, celle du silence des sens, selon laquelle la perception n'a rien de conceptuel ou ne fait pas intervenir, en tant que telle, le jugement[1]. La thèse introduisant des *sense-data* comme objet de notre expérience est en effet une thèse intrinsèquement représentationnelle présupposant que percevoir consiste à *voir quelque chose-comme*, comme si la perception présentait au sujet qui en fait l'expérience une certaine *représentation* du monde (X comme Y), que le sujet pourrait, ou non, accepter[2]. Ce présupposé est constitutif de l'idée (empiriste, mais pas seulement) selon laquelle « les sens peuvent nous tromper ». Outre que cette dernière expression est clairement une métaphore que les philosophes s'empressent bien souvent de prendre au pied de la lettre[3], dire que les sens peuvent nous tromper, c'est admettre que les sens nous amènent à croire quelque chose et donc que le « contenu » de la perception est

---

1. L'idée n'est formulée qu'à la p. 89 de *LP* mais elle sous-tend véritablement l'ensemble de l'argumentaire anti-représentationnaliste d'Austin.

2. Voir C. Travis, « The Silence of the Senses », art. cit.

3. Voir *LP*, p. 88.

déjà de l'ordre conceptuel ou propositionnel[1] – comme si les sens nous présentaient que telle ou telle chose est le cas (*que* le chat est sur le tapis, par exemple). On se situe déjà dans l'ordre conceptuel, car c'est seulement si on est dans l'ordre de la pensée, si par exemple on *pense* quelque chose de faux (si l'on pense que *X* est *Y*, alors qu'il est *Z*), que l'on peut être *trompé;* non pas si on fait simplement l'expérience de quelque chose (*X*). L'idée que les sens peuvent nous tromper – et qu'ils peuvent nous tromper constamment – repose donc sur une assimilation (non-argumentée) du sensible au conceptuel[2] qui est la faute philosophique majeure de ce type de conceptions selon Austin.

Or c'est précisément cet ajout d'un deuxième plan conceptuel (situé dans la perception) qui permet un écart entre ce qui est *perçu-comme* et ce qui est *jugé-être-le-cas*, ouvrant ainsi la possibilité de l'erreur. En même temps, il autorise l'introduction d'un troisième terme : le *sense-datum*, qui devient l'objet de la perception et qui est tout à la fois absolument certain et susceptible de nous tromper. Le *sense-datum* est en effet pensé comme une réalité du même ordre que la sphère conceptuelle, qui, en tant que tel, peut l'influencer[3]. Dans ce cadre, si je perçois une chose rouge, j'ai une perception de la chose comme rouge, c'est-à-dire que j'appréhende un *sense-datum* de rouge (qui compose ma représentation de la chose comme rouge, sur laquelle je peux ensuite porter un *jugement*). Le

1. Ou qu'il se situe dans «l'espace des raisons», pour reprendre l'expression de J. McDowell, dans *Mind and World*, Cambridge, Mass., Harvard University Press, 1994, trad. fr., *L'esprit et le monde*, Paris, Vrin, 2007, à paraître.

2. Ayer parle parfois de «jugements de perception».

3. C'est ce qui permet à Ayer de construire, de manière inférentielle, la connaissance qu'on obtient du monde à partir des *sense-data*.

sense-datum de rouge est en soi certain, car je ne peux pas douter que je perçois un *sense-datum* de rouge. Mais il est également susceptible de produire une illusion, car son introduction entre le sujet et le monde autorise qu'il ne soit pas semblable à l'état réel du monde[1]. On nous dira en effet que si j'ai parfois l'illusion du rouge, c'est parce que j'ai bien une impression (ou une représentation) de rouge (je perçois bien un *sense-datum* de rouge) qui est similaire à l'impression de rouge que j'ai lorsque je ne suis pas sous le coup d'une illusion. Cela suppose que, le monde dont je prends connaissance étant toujours médiatisé par les *sense-data* que j'appréhende, il est toujours possible que je me trompe quant à ce qui est vraiment le cas, car, finalement, seul le jugement que je vais porter sur *mes sense-data* me conduira à croire quelque chose à propos de l'état du monde. Ainsi, lorsque je suis sous le coup d'une illusion, j'en viens à croire faussement qu'il y a du rouge dans le monde, alors que, dans les autres cas, je crois de manière correcte qu'il y a du rouge dans le monde. On comprend alors bien que le seul élément discriminant entre le cas de l'illusion et le cas véridique est le jugement que je porte. Le risque de cette position est de conduire au scepticisme ou à une perte totale d'objectivité.

La réponse d'Austin à cet argumentaire est simple : comme les sens ne nous disent rien sur ce qui est (ils n'appartiennent pas à l'ordre conceptuel et ils ne sont donc pas représentationnels), ils ne peuvent pas nous tromper. C'est l'intromission d'un intermédiaire qui permet le doute sceptique en autorisant une déliaison des sens et de leurs objets, ou du moins de la perception et de ce qui est

---

1. Notons que son introduction entraîne immédiatement une disjonction entre l'état du monde et ce que j'en saisis. Locke était déjà lucide sur ce point dans son *Essai concernant l'entendement humain*.

perçu : un intermédiaire s'introduit, un troisième terme, qui semble corrompre définitivement notre relation « immédiate » au monde. Or les sens ne nous représentent pas les choses comme telles ou telles, parce qu'ils ne représentent rien mais se bornent à *nous* permettre de construire des représentations à propos de la réalité : les sens, puisqu'ils ne nous disent pas ce qui est, ne nous trompent pas sur ce qui est ; c'est *nous* qui, le cas échéant, nous trompons (en jugeant).

L'assomption de la médiation, ou le représentationnalisme sensoriel, veut que, si les sens nous représentent les choses, nous puissions rejeter ce qui est représenté : nous pourrions le prendre comme vrai ou faux. C'est supposer que nous jugeons le contenu de la perception : c'est pourquoi, notre verdict aidant, il est toujours possible que nous interprétions mal les sens, ou que nous soyons victimes d'une illusion. Contester l'idée que les sens nous représentent quoi que ce soit, c'est bien empêcher notre jugement d'intervenir *au sein* de la perception (ce n'est naturellement pas l'empêcher d'intervenir par après) et refuser de faire de celui-ci le déterminant de l'objectivité sensorielle.

Il reste cependant évident que la perception peut nous tromper ; mais on ne peut en tirer argument pour supposer que toute perception est trompeuse et que notre jugement doit intervenir pour la corriger : ce n'est pas parce que les choses ne m'apparaissent pas comme elles sont, qu'elles ne sont jamais comme elles m'apparaissent. Une première façon dont la perception peut nous *induire* en erreur vient de ce qu'elle peut nous amener à croire, en nous montrant certaines choses, ce qui n'est pas le cas. En ce cas, cela n'est naturellement pas la perception qui est trompeuse, mais mon jugement qui s'égare. Et je peux d'ailleurs le corriger. Par contre, la conscience non-médiatisée de ce qui est ne peut pas être sujette de la même façon à l'erreur. Quand par exemple je me trompe en croyant que du rouge est devant moi, ce n'est pas ma perception qui en est responsable, mais le jugement que j'élabore à partir d'elle (et que je peux toujours corriger : en fait, un peu trop rapidement, j'avais inféré de ma perception d'un flash éblouissant la couleur rouge, mais il s'avère qu'il s'agissait d'un flash blanc). Encore une fois, il ne s'agissait que d'une « mésappréhension » de l'indication. Ce à quoi peuvent ressembler les choses dépend en fait de ce à quoi on les compare, mais *ce qu'on voit* ne change pas.

Reste alors l'argument classique des illusions de la perception, qui s'appuie par exemple sur l'illusion de Müller-Lyer. Dans ce cas, deux lignes de même longueur apparaissent de longueur inégale. Elles ont l'air inégales. Mais elles ont *bien* l'air inégales : c'est ainsi qu'elles apparaissent. Percevoir cette configuration des choses, c'est percevoir deux lignes inégales, même si par après on peut montrer pourquoi elles sont égales. En fait, percevoir cette configuration *indique* qu'elles sont inégales. Mais rien ne montre qu'une ligne nous est *représentée comme étant plus longue que l'autre*. Une ligne nous apparaît juste comme plus longue que l'autre. La reconnaissance du caractère illusoire possible d'une perception ne permet ni de généraliser ce caractère à toute perception, ni de la penser comme obligatoirement médiatisée. Une perception illusoire n'est donc pas représentationnelle et elle ne fournit pas des raisons de penser que les choses sont telles ou telles (des raisons, c'est-à-dire des choses dont on peut aussi décider de ne pas tenir compte) – ce pourquoi nous ne pouvons pas adopter une position conceptuelle à son égard (la considérer comme vraie ou fausse), mais simplement l'*avoir*.

Bref, la perception n'est pas le résultat d'un jugement, même si elle peut fournir la base d'un jugement.

Le mythe du donné et le contenu

On constatera ainsi que, dans *Le langage de la perception*, Austin répondait d'avance au débat sur le contenu (conceptuel ou non) de la perception, et aux discussions sur le « donné ». Y a-t-il un pur donné non conceptuel qui va être défini et retravaillé par des concepts, ou le donné est-il d'emblée en tant que tel conceptualisé ou (comme on préférera dire parfois) structuré? À la première proposition, McDowell a objecté à juste titre (reprenant quelque peu Davidson) qu'elle était de l'idéalisme et reconduisait la dualité entre schème et contenu; mais à la seconde, on pourrait objecter qu'elle est tout aussi problématique et idéaliste dans sa volonté de mettre dans le donné plus que… quoi? du donné? Car c'est bien le problème, celui d'une définition du donné qui évite le représentationnalisme. De ce point de vue, le débat sur le contenu non-conceptuel est trompeur : il semble présenter une alternative entre l'idée d'un pur contenu empirique qui serait à conceptualiser, et l'idée que la réceptivité est d'emblée conceptualisée.

On peut citer McDowell :

> Nous devrions comprendre ce que Kant appelle « intuition » (la saisie expérientielle) non pas comme pure obtention d'un Donné extra-conceptuel, mais comme une espèce d'occurrent ou d'état qui a déjà un contenu conceptuel. Dans l'expérience on se rend compte, par exemple on voit, que les choses sont telles ou telles. C'est le genre de choses que l'on peut aussi, par exemple, juger [1].

---

1. J. McDowell, *L'esprit et le monde, op. cit.*

La question est bien celle de savoir s'il y a vraiment lieu de parler de *contenu*, au sens où ces deux conceptions rivales l'entendent : est-ce que percevoir, c'est voir et éventuellement juger que « les choses sont telles ou telles » ? Il n'y a là rien apparemment qui ne soit évident ou trivial. Mais une façon de sortir du débat sur le contenu non-conceptuel est de poser la question : est-ce que percevoir, c'est voir et éventuellement juger que « les choses sont telles ou telles » ?

Les philosophes dont le rôle a été déterminant dans le débat, comme McDowell et Putnam (et avant eux Davidson), visent, dans la ligne d'Austin, à ménager un accès « direct » de l'esprit au monde, sans interface, conceptuelle ou linguistique, entre ces deux. Comme le montre la critique davidsonienne du schème conceptuel[1], ou la critique par Bouveresse de « la perception comme inférence »[2], il s'agit de se débarrasser de l'idée d'une « interprétation » du donné. Il s'agit alors de définir une perception « directe » : voir, c'est voir. Ce qu'on perçoit, ce ne sont pas des représentations mais directement des objets : je vois un arbre, un triangle – point. C'est ce que nous avons appelé précédemment le réalisme naïf ou qu'on appelle aussi désormais « réalisme direct ».

Or, ce que nous montre Austin, c'est qu'il est bien plus difficile qu'on imagine d'être « réaliste direct ». On peut le comprendre à la lecture d'un des passages les plus surprenants, et les plus contestés, de *LP* :

---

1. Voir D. Davidson, « Sur l'idée même de schème conceptuel », dans *Enquêtes sur la vérité et l'interprétation*, trad. fr. P. Engel, Nîmes, J. Chambon, 1993, p. 267-289.

2. Dans J. Bouveresse, *Langage, perception et réalité*, *op. cit.*

Et quand l'homme de la rue voit sur une scène de music-hall « la femme sans tête », ce qu'il voit (et ceci *est* ce qu'il voit, qu'il le sache ou non) n'est pas quelque chose d'« irréel » ou d'« immatériel », mais une femme vue sur un fond noir, avec la tête dans un sac noir (*LP*, p. 92).

Pour accepter ce passage, il faut aller jusqu'au bout du réalisme et rejeter toute intentionnalité de la perception. Il ne s'agit même plus de l'étiquette de « réaliste ». Dès le début de *LP*, Austin tourne en ridicule, on l'a vu, la prétention philosophique au réalisme :

La question : « Percevons-nous des choses matérielles, ou des données sensibles ? » paraît sans doute très simple – *trop simple*. Elle est tout à fait trompeuse (*cf.* la question vaste et ultra-simplifiée de Thalès « de quoi le monde est-il fait ? »). Une des choses les plus importantes à saisir est que ces deux appellations « *sense-data* » et « chose matérielle » existent aux dépens l'une de l'autre. Ce qui est factice n'est pas l'une de ces deux appellations, mais l'antithèse elle-même (*LP*, p. 80).

Si l'on reprend la question classique de Strawson : quels sont les objets de la perception ? *Que* percevons-nous ?, on se rend compte que, pour Austin, elle est oiseuse (ou « factice »). À la limite, il est presque erroné de dire qu'Austin *défend* une forme de réalisme même naïf, parce qu'il n'y a guère de sens à parler selon lui de *réalisme* (doctrine métaphysique, aussi erronée que son contraire). La doctrine attaquée par Austin est, dit-il, celle selon laquelle « jamais nous ne voyons ou ne percevons (sentons), en tous cas *directement*, des objets matériels, mais seulement des *sense data* ». Mais il n'y substitue pas l'idée que nous voyons ou percevons « directement » les objets. Austin affirme d'emblée que « nous *ne* devons *pas* chercher une réponse à la question de savoir

quelle *sorte* de choses nous percevons » (*LP*, p. 81). Comme le dit
Putnam, ce qui empêche de pouvoir considérer que nous percevons
le monde *tout court*, c'est :

> l'idée désastreuse qui a hanté la philosophie occidentale depuis le
> XVIIe siècle, l'idée que la perception implique une interface entre
> l'esprit et les objets « extérieurs » que nous percevons. Dans les
> versions dualistes de la métaphysique et de la théorie de la connais-
> sance modernes, cette interface était censée consister en « impres-
> sions (ou « sensations », « expériences », « *sense-data* », « qualia »)
> et ceux-ci étaient conçus comme immatériels. Dans les versions
> matérialistes, cette interface a longtemps été considérée comme
> consistant en processus cérébraux [1].

Si, à la question de Strawson, je réponds que je perçois
« directement », ou vois tout court, tel ou tel objet, on peut objecter
que cet objet peut ne pas être présent, ou n'être pas tel que je le
perçois. D'où la fascination des théoriciens de la perception pour la
question de l'illusion. L'expérience perceptuelle, pour eux, peut
être véridique ou trompeuse : elle peut me représenter les choses
telles qu'elles sont, ou pas. Le rapport, et la recherche d'un
« élément commun », entre la perception, ou comme on lit sous
la plume de McDowell et d'autres, « l'expérience perceptuelle »
trompeuse et l'expérience perceptuelle véridique est encore au
centre de la problématique actuelle de la perception. Le discours
philosophique sur la perception semble nécessiter un recours à
quelque chose qui n'est pas forcément intentionnel ni mental ni
ontologiquement déterminé ni une entité intermédiaire entre le
sujet et l'objet, mais qui est ce sens minimal de la représentation :
le contenu. Le meilleur moyen de mettre cela en évidence est de

---

1. H. Putnam, *The Threefold Cord*, *op. cit.*, p. 43.

prendre l'argument favori des philosophes de la représentation, ce que Putnam, appelle à la suite de McDowell, l'argument du «highest common factor» (ou en français, PGCD). C'est ainsi qu'on définissait le *sense-datum* au début du siècle dernier : c'est ce qui est *commun* à la perception véridique et fausse (je vois un lapin, je crois voir un lapin mais c'est une fleur, ou je rêve que je vois un lapin, ou j'ai une vision halllucinatoire de lapin sous l'effet d'une drogue); dans un cas je perçois, dans un cas je crois percevoir. Ou, comme le dit bien l'expression anglaise, «I seem to be perceiving». Il y a bien quelque chose, on a envie de dire, de commun à ces deux représentations, qui ne peut être l'objet réel. La position de Putnam et de McDowell – ou le réalisme direct – consisterait alors à nier l'existence d'un élément commun. Et de fait, à l'appui de cette «conception disjonctive» de la perception, Putnam renvoie à Austin.

Une chose que fait remarquer Austin est que les «arguments de l'illusion» sont souvent confus, et mettent sur le même plan toutes sortes de phénomènes différents : car ce n'est pas la même chose de mal voir, c'est-à-dire de voir quelque chose de travers (voir une chose telle qu'elle n'est pas), et de (croire) voir quelque chose qui n'est pas là. On confond alors *illusion* et *delusion*.

> Regarder le diagramme de Müller-Lyer (dans lequel de deux lignes de longueur égale, l'une paraît plus longue que l'autre) ou regarder un village éloigné, par un jour clair, à travers une vallée, n'est pas du tout du même tonneau que de voir un fantôme ou que de voir des rats roses dans une crise de *delirium tremens* (*LP*, p. 91-92).

Austin dénonce d'abord la confusion philosophique entre perception trompeuse et hallucinatoire. Il n'y a pas de sens, dans le second cas, selon Austin, à parler d'«erreur». Beaucoup de théories des *sense-data* et de la perception sont fondées sur une assimilation du cas de l'illusion à celui de la *delusion*. Non que la perception soit toujours véridique : comme nous l'avons déjà vu, il arrive à l'homme ordinaire de considérer qu'il est « trompé », mais « parler de tromperie n'a de sens que sur un fond de non-tromperie générale (*background of general non-deception*) ». Surtout, « être trompé » (par un truc, ou par sa jauge d'essence) ne veut pas dire « percevoir *quelque chose* de non réel ». C'est, tout simplement, se tromper. Celui qui a de véritables hallucinations n'est pas dans l'erreur *au sens ordinaire*. Ce glissement conduit à introduire une dimension de véridicité dans la perception ordinaire, comme si en voyant mon voisin bien présent, j'étais dans le vrai puisqu'en « voyant » un ami imaginaire, je serais dans le faux. Pour le redire, cette introduction du vrai et du faux, du jugement, dans la perception est l'erreur la plus profonde et la plus inaperçue des philosophies de la perception. Il est important de comprendre que c'est cela, et de façon prémonitoire, qui est dénoncé par Austin, et pas seulement l'introduction d'entités comme les *sense-data*.

La confusion entre *illusion* et *delusion* entraîne en effet une autre confusion ou une identification quasi systématique chez les philosophes de la perception et du contenu : entre « l'objet » de la perception « trompeuse », fausse, et celui de la perception normale ou véridique. L'argument d'Austin contre les théories de la perception porte sur le fait, non seulement qu'elles font du *sense-datum* *l'objet* de la perception – cela, c'est facile à critiquer, et peu de théories actuelles entreprennent explicitement de dégager des *sense-data* comme objets – mais parce qu'elles font de la perception une *représentation* qui peut être vraie ou fausse, et transforment la question de la perception en un problème de connaissance.

Pour Travis, c'est bien la notion de *représentation* dans « l'expérience perceptuelle » qui est à interroger, et qui est peut-être le rejeton actuel des *sense-data* – un rejeton un peu dégénéré, car n'ayant même pas la charge de réflexion critique ou théorique qui était celle des *sense-data*. On connaît les critiques qui ont été faites à l'idée de la perception comme jugement, et comme conceptualisation. On croit ainsi se débarrasser d'un certain kantisme, en se débarrassant de l'idée que l'expérience est conceptualisée. Mais cela ne résout pas grand-chose, comme le montrent la position inconfortable de McDowell et les critiques opérées par Travis[1]. C'est l'idée même – devenue centrale dans les débats actuels sur le contenu – d'expérience perceptuelle qui conduit à une forme subtile de représentationalisme : l'expérience représenterait, et cette représentation peut être correcte ou incorrecte, elle a une valeur de vérité, des propriétés sémantiques, donc un contenu.

Les erreurs et le silence des sens

Le problème est bien : une expérience peut-elle être correcte, véridique ou non ? C'est la question que pose Travis, en cela véritable héritier d'Austin. On peut se tromper, et cela arrive tout le temps ; nous passons notre temps à mal percevoir des choses, dans la vie civile comme cognitive. Austin le note dans son « Plaidoyer pour les excuses » :

> Il arrive, dans la vie militaire, que l'on ait reçu d'excellentes informations et que l'on dispose aussi d'excellents principes (et pourtant que l'on mette au point un plan d'action qui mène au désastre. Cela peut être dû à une erreur d'*appréciation* de la

1. Dans C. Travis, *Les liaisons ordinaires*, trad. fr. B. Ambroise, Paris, Vrin, 2003, notamment chap. VI.

situation, (…) dans la vie réelle, également ou plutôt civile, dans les affaires morales ou pratiques, nous pouvons connaître les faits et pourtant les voir (*look at them*) de façon erronée ou impropre, ou bien ne pas apprécier ou réaliser pleinement quelque chose, ou même être tout à fait dans l'erreur (*total misconception*) [1].

Ces cas ordinaires d'erreur ne peuvent en rien être appliqués à l'expérience en général. Si j'attends une heure un bus qui n'arrive jamais (parce que je me suis trompé d'arrêt), dit Travis, j'ai une expérience que j'aurais préféré ne pas avoir. « Si je n'étais pas au bon arrêt, alors peut-être étais-je dans l'erreur (*I was mistaken or incorrect*). Mais pas l'expérience » [2]. Travis note ici la difficulté qu'il y a à parler de *correction* de l'expérience, et donc de *contenu* de l'expérience. A cela on peut opposer ce qu'Austin opposait déjà aux théories des *sense-data* : les sens sont muets, et ne nous *disent* rien. « En réalité, bien sûr, nos sens sont muets. Quoique Descartes et d'autres parlent du « *témoignage de nos sens* », nos sens ne nous *disent* rien du tout, ni en vrai ni en faux » (*LP*, p. 92).

Cela, nous l'avons déjà remarqué, n'exclut pas la possibilité de l'erreur. Il arrive que je prenne un objet pour un autre, que je sois trompé par les apparences, que j'évalue mal une situation et fasse une gaffe, etc. Mais alors ce n'est pas la perception qui se trompe, c'est moi. Comme le dit Travis, « je peux prendre ce que je vois pour un cochon alors que ce n'en est pas un : cela avait seulement l'*air* d'en être un (*it merely looked like one*). Je suis alors dans l'erreur. Mais la perception ne l'est pas » [3]. On voit que la question ici dépasse celle de l'existence d'entités intermédiaires ou de

1. J.L. Austin, « A Plea For Excuses », art. cit., p. 194.
2. C. Travis, « The Silence of the Senses », art. cit.
3. *Ibid.*

l'interface entre le monde et le sujet telles qu'elles sont critiquées par Putnam et McDowell, pour devenir celle de la « défaisabilité » de nos critères. On trouve une première version de la critique, avant McDowell, dans *Les Voix de la Raison*[1] de Stanley Cavell. Il n'y a pas de critère de la réalité de l'expérience : devant cette déception fondamentale (ou cette « défaisabilité » de nos critères), au lieu de renoncer à l'idée même de critère, on se rabat sur celle de contenu ou de PGCD[2]. De la « défaisabilité » ou de la fragilité des critères de la connaissance, Cavell tirait une conséquence philosophique radicale : la question du rapport au monde n'est pas affaire de connaissance, mais de reconnaissance, d'acceptation. McDowell en tire une conclusion intermédiaire : l'idée d'une « ouverture sans médiation du sujet de l'expérience » à la *réalité*[3]. McDowell mentionne alors, de façon intéressante et assez austinienne, la différence entre les deux sens d'apparaître, celle qui est inscrite dans l'usage de la langue grecque entre « *phainetai sophos ôn* » et « *phainetai sophos einai* », la première expression désignant une manifestation et la seconde une simple apparence[4]. L'important pour lui est d'arriver à rendre compte de cette différence, de rendre compte de l'apparaître sans faire usage des apparences comme intervenant *entre* le sujet et le monde. D'où l'insistance chez McDowell sur le caractère *direct* de la perception. Mais McDowell

1. S. Cavell, *The Claim of Reason. Wittgenstein, Skepticism, Morality and Tragedy*, Oxford, Oxford University Press, 1979; trad. fr. S. Laugier et N. Balso, *Les voix de la raison. Wittgensein, le scepticisme, la moralité et la tragédie*, Paris, Seuil, 1996.

2. Voir J. McDowell, « Criteria, Defeasibility, and Knowledge », dans *Meaning, Knowledge, and Reality*, Cambridge, Mass., Harvard University Press, 2001, p. 386.

3. *Ibid.*, p. 392.

4. *Ibid.*, p. 387.

ne semble pas voir qu'en prônant ainsi une perception directe d'un donné en quelque sorte préconceptualisé, il retombe dans le piège dénoncé par Austin (« direct » et « indirect » vivent aux dépens l'un de l'autre). Travis, pour sa part, sans tirer de la défaite des critères les mêmes conséquences sceptiques que Cavell, veut être plus austinien et aller au bout de l'idée que « les sens sont muets ».

Revenons au passage d'Austin :

> Tout ceci est encore aggravé ici par l'introduction, sans explication, d'une toute nouvelle création : nos « perceptions sensibles ». Ces entités qui, bien entendu, ne figurent nulle part dans le langage de l'homme de la rue, ni même au sein de ses croyances, sont introduites en impliquant que chaque fois que nous « percevons » quelque chose, il y a une entité *intermédiaire* et *toujours* présente qui nous *informe* sur quelque chose d'*autre* qu'elle-même (*LP*, p. 91).

Plus que l'idée d'intermédiaire, Austin critique la démarche même qui consiste à donner à cette entité intermédiaire le pouvoir de nous *indiquer* et de nous *informer*, et donc celui de donner une « véridicité » à la perception pensée comme représentation de quelque chose. Il ne suffit donc pas de prôner une perception directe, il faut d'abord se débarrasser de l'idée (commune à l'idée de perception directe et indirecte) de véridicité, et de l'idée de la perception comme preuve ou « *evidence* ». La question est bien celle du rapport entre perception et connaissance, comme le montre ce passage, qui dénonce un écart par rapport à l'emploi correct de la notion d'*evidence* :

> La situation dans laquelle on pourrait dire correctement que l'énoncé qu'un animal est un cochon repose sur un *fondement* (*evidence*), serait celle où, par exemple, l'animal lui-même n'est pas réellement en vue, mais où je puis voir nombre de traces analogues à

celles que laisse derrière lui un cochon, sur le sol hors de sa retraite. Si je découvre plusieurs baquets de nourriture pour cochon, c'est là un indice de plus, et les bruits ou l'odeur peuvent fournir des indices encore plus nets. Mais si l'animal émerge alors et se tient en pleine vue, il n'est plus question de rassembler des indices, son apparition ne nous fournit pas un *indice* (*evidence*) de plus que c'est un cochon, à présent, je puis tout simplement *voir* que c'en est un et la question est tranchée (*LP*, p. 207).

Le défi qui se présente au « réalisme direct » est encore une fois de prendre cet exemple au sérieux : *voir* le cochon dans des conditions normales n'est pas une preuve, ni un indice, ni une justification – c'est simplement le *voir*. Ce qu'oublient les argumentations sur la tromperie, l'illusion, c'est que la tromperie est bien induite par quelque chose : par la façon dont ce quelque chose se présente (*looks*), par ce dont cela a l'air. Austin dit ainsi :

> [Si] une église était camouflée avec ruse pour ressembler à une grange, comment pourrait-on sérieusement poser une question à propos de ce qu'on voit lorsqu'on la regarde ? Nous voyons, bien entendu, une *église* qui maintenant *ressemble* à une *grange* (*LP*, p. 111).

Ce que veut finalement dire Austin, comme dans l'exemple de « la femme sans tête », c'est que c'est cela qu'on voit – on *peut* certes le *prendre pour* autre chose, mais on *ne voit de fait rien d'autre*. Les choses ont l'air de ce dont elles ont l'air, et ce dont elles ont l'air, leur « air » est exactement ce qui est vu. Le bâton dans l'eau a l'air d'un bâton dans l'eau. Il n'y a pas un sens de voir où je *vois* un bâton *comme* brisé, et un autre où je vois un bâton dans l'eau. Comme le rappelle Austin :

« J'ai vu un homme insignifiant en pantalon noir », « J'ai vu Hitler ».
Avons-nous ici deux sens différents de « voir » ? Manifestement pas
(*LP*, p. 191).

L'insignifiance n'est pas une caractéristique que ma représentation lui attribue, ou le sens que je donne à cette perception :
c'est, exactement, ce qui apparaît et que je vois (*insignificant-
looking*) – sans, spécifie Austin plus loin, qu'il y soit question de
« voir comme » wittgensteinien. De même, voir la femme sans tête,
c'est voir une femme sur un fond noir, etc. C'est *cela* que je vois. Je
peux me tromper, mais c'est alors *moi* qui me trompe. Il arrive en
effet que les choses n'aient pas leur air habituel : c'est un phénomène familier, presque aussi familier que la vision ordinaire des
objets. Que les choses nous apparaissent (*look like*) de telle ou telle
façon, même surprenante, est un fait *ordinaire* ; c'est également le
cas des exemples classiques d'illusion, que nous connaissons en
général et qui n'ont rien à voir avec des hallucinations ou des objets
inexistants. Le bâton dans l'eau n'apparaît *pas* comme plié, il
faudrait qu'il ait un tout autre aspect pour que nous le croyions plié.
Il est parfaitement normal qu'il apparaisse (*looks like*) ainsi. « Il se
présente exactement comme nous attendons qu'il le fasse », et
« nous serions sérieusement déconcertés si ce n'était pas le cas »
(*LP*, p. 106). Ce n'est pas plus un cas d'illusion ou d'erreur que
l'image dans le miroir, ou le cinéma, ou même un mirage.
« La familiarité émousse (*takes the edge off*) l'illusion ». La
photographie a l'air exactement de ce qu'elle est, à savoir d'une
photographie, plus ou moins ressemblante.

On comprend mieux l'affirmation apparemment triviale
d'Austin : les sens sont muets, ils ne nous *disent* rien. On peut
reprendre la thématique d'« Autrui » ; à propos de l'idée formulée

par Wisdom et qualifiée par Austin d'*inepte*, selon laquelle nous avons affaire à « des signes du pain » quand nous regardons dans le garde-manger et le voyons, le goûtons, etc., Austin remarque :

> Faire tout cela, ce n'est absolument pas trouver des signes de la présence du pain : le goût ou le contact du pain ne sont absolument pas des signes ou des symptômes du pain. On ne verrait pas très bien ce que je veux dire si j'annonçais avoir trouvé des signes de pain dans le garde-manger, puisque le pain n'est habituellement pas enfermé dans un coffret, et n'est pas un événement éphémère (du pain imminent, etc.) [1].

C'est bien cela que rejette Austin : l'idée – à la base de la conception représentationnelle – que les sens disent quelque chose, et que c'est ce qu'ils nous *disent* qui nous donne accès au réel. Que cet accès soit direct ou indirect n'est même plus ce qui importe. Austin décrit dans « Autrui » cette illusion, dont il est particulièrement difficile de se défaire, que :

> Les choses senties (*sensa*), c'est-à-dire les choses, les couleurs, les bruits et le reste, parlent ou sont étiquetées par nature, de sorte que je peux littéralement *dire* ce que (*ce* que) je vois : ça se fait entendre, ou je le lis à livre ouvert [2].

Austin vise donc l'idée qu'il y ait du sens dans le réel, et que ce sens soit ce dont relèvent nos erreurs sensibles. Cela ne veut pas signifier que nous ne nous trompons jamais : mais c'est *nous* qui identifions les choses, parce que cela fait partie de notre vie ordinaire, tout comme le fait d'être induit en erreur ou d'arriver à se rattraper. Nous sommes *misled*, induits en erreur, non par nos sens

---

1. J.L. Austin, « Other Minds », art. cit., trad. fr., p. 81.
2. *Ibid.*, trad. fr., p. 70-71.

ou notre perception, mais par le réel, les faits, ou nos attentes, ou la façon dont les choses se présentent, etc.

La question de la certitude et du fondement : vers une épistémologie contextualiste

Austin semble à première vue s'immiscer dans un débat concernant la philosophie de la perception, alors que son livre traite de connaissance – puisqu'il s'agit avant tout d'une attaque contre l'empirisme en tant qu'il veut fonder la connaissance, les fondements étant recherchés dans la perception. C'est toute l'idée d'Ayer, qui veut procéder à une reconstruction logique de la connaissance du monde – et trouver les meilleures bases pour effectuer des prédictions (la connaissance étant pensée comme une prédiction juste). La motivation est en effet que les fondations doivent être à la fois indubitables et factuelles, d'où l'idée des *sense-data*, censés être issus de l'expérience mais indubitables en tant précisément que données dont *je* fais l'expérience (je ne peux pas ne pas avoir l'expérience de ce dont j'ai l'expérience). À partir de ces données absolument certaines et qui échappent ainsi à l'argument de l'illusion, je devrais pouvoir construire un certain nombre de jugements à propos du monde, qui se révéleront, selon les cas, vrais ou faux. Mais les énoncés factuels concernant les *sense-data* seraient quant à eux absolument vrais et fourniraient une connaissance absolument certaine.

Or Austin entend contester à la fois l'idée que des énoncés portant sur les *sense-data* seraient indubitables et la volonté de vouloir trouver un fondement absolument certain à la connaissance. Pour contrer l'idée d'une indubitabilité des énoncés d'expérience, Austin rappelle que je peux tout à fait me tromper sur mes propres expériences, mes propres vécus, et prendre ce dont je fais l'expérience pour autre chose (je me croyais triste, mais j'étais simplement mélancolique). Or cela implique immédiatement l'idée d'une correction possible de l'erreur. C'est là une idée particulièrement importante : il n'y a d'erreur possible que si, par contraste, la connaissance l'est également. Comme le dit Austin, « il faut se rappeler que parler de tromperie n'a de sens que sur un fond de *non-tromperie* générale. (On ne peut pas tromper tout le monde tout le temps). Il doit être possible de *reconnaître* un cas de tromperie en comparant le cas étrange à des cas plus normaux »[1]. Sinon, le fait de parler de tromperie n'a pas de sens.

Là encore, en argumentant à partir de simples possibilités, le philosophe empiriste cherche une solution scolastique à une situation purement scolastique, car il oublie les conditions d'application de la procédure ordinaire du doute, sans nous en donner d'autres pour servir de critères à son nouvel usage.

Car la recherche d'un fondement indubitable à la connaissance procède en effet de l'idée, motivée par l'argument de l'illusion, que je pourrais *toujours* me tromper dans mon appréciation de ce que je perçois (je pourrais voir du rouge alors qu'en réalité il n'y en a pas – je n'en ai eu qu'une impression). On assiste là à un mouvement de généralisation du doute qui amène à chercher une échappatoire indubitable (le « je » chez Descartes, les données des sens chez les empiristes). Or Austin conteste d'une part la validité de la généralisation du doute, d'autre part la légitimité à rechercher une fondation absolue à la connaissance.

Pour Austin, la généralisation du doute n'a aucun sens, car elle relève là encore d'une position scolastique qui isole l'apparition

1. *LP*, p. 90.

ordinaire du doute de ses conditions. En effet, lorsqu'il nous arrive de douter face à une affirmation prétendant apporter une certaine connaissance, cette apparition est *motivée* – nous ne doutons pas gratuitement, mais parce que, dans la situation où nous nous trouvons, nous avons des raisons de douter. Supposons que je regarde par la fenêtre et que je voie un chardonneret[1]. Étant donné la situation, la présence régulière de chardonneret dans le voisi-nage, le chant qu'il entonne, les couleurs de ses plumes, je n'ai pas à douter que je vois un chardonneret. Les circonstances de mon expérience sont telles, en effet, qu'il n'y aurait aucune *raison* de considérer que ce que je vois ne soit pas un chardonneret. Si par contre le chardonneret se mettait soudain à exploser en vol ou à citer Virginia Woolf, alors les circonstances seraient telles qu'elles fourniraient des *raisons* susceptibles de m'amener à réviser mon premier jugement et à douter du fait que je vois un chardonneret. Il faut en effet des *raisons* motivant le doute quant à ce que vois pour que mon doute soit pertinent ou sensé – sinon le doute est gratuit et n'a pas de conditions précises de validité.

> Mais, en fait, l'homme de la rue considérerait le doute, en pareil cas, non comme outré ou sophistiqué, ou en quelque sorte peu réaliste – il le considérerait tout simplement comme manifestement *dépourvu de sens* (*LP*, p. 88).

Comme la tromperie n'a de sens qu'à pouvoir être distinguée de la vérité, le doute doit lui-même être fondé sur quelque élément permettant de considérer la possibilité de la tromperie. Si l'on doutait constamment, on perdrait les critères permettant de fonder le doute en raison et plus aucune certitude ne serait plus accessible

---

1. Voir J.L. Austin, «Other Minds», dans *Philosophical Papers*, *op. cit.*, trad. fr., p. 45-91.

– ni même l'idée qu'on doive douter. Un doute doit toujours être fondé : il doit avoir des raisons d'apparaître – sans quoi il n'est pas légitime puisqu'il ne porte sur rien. Comme le dit Austin à propos du doute concernant le rêve :

> Ces doutes peuvent tous être dissipés au moyen de procédures reconnues […], appropriées au type particulier de cas. Il y a des méthodes pour distinguer entre le rêve et l'état de veille (comment saurions-nous autrement utiliser et opposer les mots ?), et pour décider si une chose est empaillée ou vivante, et ainsi de suite. Le doute ou la question « mais est-il *réel* ? » a toujours (*doit* avoir) un fondement particulier ; il doit y avoir quelque « raison de suggérer » que ce n'est pas réel, au sens où il y a une façon spécifique, ou un nombre limité de façons spécifiques, de suggérer que telle expérience ou tel objet est peut-être truqué [1].

Un doute n'est donc véritablement un doute que s'il a une raison d'être (par exemple, la situation est extraordinaire), c'est-à-dire seulement s'il a également une méthode de résolution (du moins une méthode possible). Si, en effet, le doute n'a pas de telle méthode, alors c'est un doute qui ne fait aucune distinction dans le réel et qui, donc, ne porte pas. En d'autres termes, c'est seulement si on peut résoudre le doute par une méthode spécifique que l'on peut identifier ce sur quoi porte le doute, puisqu'on peut alors effectuer une correction. Cette correction s'opère par des procédures particulières, propres à chaque type de doutes, et qui sont autant de procédures pour confirmer éventuellement le statut de connaissance des énoncés mis en doute – qui sont donc autant de procédures permettant d'établir la preuve de ce que j'ai dit, dans le contexte où je le dis. Cela ne revient naturellement pas empêcher la

---

1. J.L. Austin, « Other Minds », art. cit., trad. fr., p. 87.

possibilité de l'erreur, mais à lui rendre ses critères ordinaires – et par contre-coup à rendre des critères ordinaires à la connaissance. Comme le dit Forguson en réponse à Ayer :

> Aucune somme de précautions (peser les évidences, faire des tests ou autres) ne peut exclure complètement la possibilité de dire quelque chose de faux en affirmant [*claim*] quelque chose. Cependant, on peut avoir des raisons [*grounds*] acceptables ou non, bonnes ou mauvaises, de faire les affirmations [*claims*] que l'on fait. Et nos raisons – qui incluent les précautions que l'on prend, les tests que l'on fait, les évidences que l'on pèse, quand cela est pertinent – sont de notre responsabilité[1].

Forguson entend ici rappeler que la connaissance, comme l'erreur, relève de l'ordre humain et n'a nullement besoin de trouver un fondement absolu ou métaphysique : avoir raison, ou avoir tort, dépend simplement des bonnes raisons que nous avons de considérer que telle chose est, ou non, le cas, étant données les circonstances à notre disposition.

Ce rejet d'un fondement absolu de la connaissance est la pierre de touche de ce qu'on peut appeler le « contextualisme épistémologique » d'Austin[2]. Contre la recherche d'un fondement de la connaissance, Austin rappelle qu'il s'agit là encore d'une recherche purement scolastique qui ignore les conditions réelles d'attribution de connaissance : on n'est pas dit savoir, en effet, lorsqu'on se fonde, pour affirmer quelque chose, sur un élément

---

1. L.W. Forguson, « Has Ayer Vindicated the Sense-datum Theory », dans K.T. Fann (éd.), *Symposium on J.L. Austin*, *op. cit.*, p. 325.

2. Pour une reprise et une défense contemporaines de ce type de position, voir les travaux de K. DeRose, notamment « Assertion, Knowledge and Context », *The Philosophical Review*, vol. 111, n° 2, p. 167-203.

absolument certain, mais uniquement lorsque nos raisons pour affirmer quelque chose sont *valables* dans le contexte de notre énonciation. C'est parce que, dans tel contexte, étant donnés les éléments à notre disposition et les objectifs que nous nous proposons, qui sont limités (relatifs au contexte), les preuves que nous pouvons apporter pour soutenir nos affirmations sont valables, que nous connaissons véritablement. Il n'y a plus besoin d'avoir un fondement absolu de la connaissance, mais seulement un fondement contextuel, qui vaut absolument dans ce contexte, c'est-à-dire qui n'a pas de raison d'être remis en cause dans ce contexte. Ce n'est naturellement pas dire que je ne peux pas me tromper – en fait la possibilité de l'erreur est même pour Austin la condition de possibilité de la connaissance – mais que, au moment considéré, mon affirmation peut se qualifier comme connaissance car elle dispose de toutes les raisons dont elle peut disposer à ce moment-là pour valoir comme connaissance. Si nous reprenons l'exemple du chardonneret, il est clair que si le chardonneret se comporte comme n'importe quel chardonneret, je n'ai aucune raison me permettant de remettre en cause ma connaissance que c'est un chardonneret. Émettre un doute n'aurait pas de sens. Seul un nouvel élément permettrait éventuellement de montrer que je me suis trompé ; mais dans l'état actuel des choses, je dispose de suffisamment d'éléments pour qualifier mon idée (qu'il s'agit d'un chardonneret) de *connaissance*. La qualification de connaissance n'a ainsi pas besoin de vérification inconditionnelle, pas plus que la validité d'un élément comme preuve. La justification dont a besoin une connaissance n'est que contextuelle :

> Quand je me suis assuré que c'est un chardonneret réel (il n'est pas empaillé, des personnes désintéressées l'ont confirmé, etc.), je ne

> fais alors *pas* une « prédiction » en disant qu'il s'agit d'un chardon-
> neret réel, et, à strictement parler, on ne peut, quoi qu'il arrive,
> prouver que je me trompe. Il semble que ce soit une grave erreur de
> supposer que la langue (ou *la majeure partie de la langue, sur les
> choses réelles*) est « prédictive », qu'il serait toujours possible, à
> l'avenir, de prouver que c'est faux. Ce qui *peut* toujours se produire,
> c'est que *nous* soyons amenés à *réviser* nos idées sur les chardon-
> nerets, ou les chardonnerets réels, ou quoi que ce soit d'autre [1].

Une preuve apportée en faveur d'un énoncé de connaissance
n'est une preuve que relativement à des exigences précises et des
attentes précises, de telle sorte qu'une connaissance n'est connaissance que parce que certaines *attentes contextuelles* sont remplies.
Ou encore, une connaissance est bien une connaissance parce
qu'elle est assurée d'être une connaissance relativement à ses
propres exigences, et non pas à d'autres exigences (absolues, par
exemple).

Ajoutons que ces exigences propres (conceptuelles) ne suffisent
pas par elles-mêmes à donner la preuve, puisque Austin montre que
ces exigences sont elles-mêmes contextuelles : il faut ainsi que
l'objet vienne s'inscrire de façon adéquate dans des circonstances
données, pour que les attentes soient satisfaites. Par exemple, si
l'on veut savoir si le lac est bleu, il faut certes savoir quelles
attentes sont alors en jeu, mais il faut aussi, d'une part, interpréter,
relativement au contexte, ces exigences (on veut savoir si du
colorant alimentaire bleu s'est déversé dans le lac, et non pas si le
soleil se reflète sur le lac), et d'autre part, vérifier dans des circonstances précises (il ne suffira pas de regarder le lac en plein soleil,
car il pourrait apparaître bleu alors même qu'il ne contiendrait

---

1. J.L. Austin, « Other Minds », art. cit., trad. fr., p. 88.

aucune trace de colorant alimentaire), qui permettent justement de déterminer ce qui vaut comme preuve dans ces circonstances (par exemple, le fait de prendre de l'eau du lac dans un seau blanc et d'observer la couleur qu'il peut alors avoir, sachant qu'une fuite de colorant alimentaire bleu de l'usine qui longe le lac s'est produite et que c'est donc une éventualité hautement probable qu'il s'en trouve dans le lac). Pour reprendre Austin, une « *evidence* » n'en est une que pour des objectifs déterminés (donc vis-à-vis d'attentes particulières, pour une conception particulière) et seulement dans des circonstances déterminées. Mais dès lors qu'elle est obtenue, elle vaut inconditionnellement pour la connaissance contextuelle précise et restreinte qu'elle fonde.

Accords, différences, réalité

Revenons pour finir sur les échecs divers dont peut souffrir, de manière circonstanciée, la perception. Comme les échecs qui fascinent Austin à propos des actes de langage (*misfires*, *slips*, etc.), ces micro-ratages nous apprennent quelque chose sur la nature de notre perception, mais aussi sur les petites différences qui font le monde. Par là, ils servent le réalisme spécifique d'Austin.

> Et puis encore il y a des cas tout à fait courants de mauvaise lecture ou de mauvaise audition, les oublis freudiens, etc., qui ne semblent appartenir à aucune de ces rubriques.
> Une fois de plus, il n'y a pas de dichotomie nette et simple entre les cas où les « choses vont bien » et ceux où « elles vont mal ». Il y a, comme nous le savons tous, des tas de façons dont les choses peuvent aller de travers, qui ne peuvent pas obligatoirement être classées d'une manière générale et qu'on doit même se défendre de classer ainsi (*LP*, p. 91).

Les différents usages du langage ordinaire nous permettent alors de mieux connaître ces limites, imperceptibles par le prisme grossier des catégories et dichotomies philosophiques, de l'ajustement au réel : ce qui convient ou pas, de ce qui « *fits* » ou pas, de façon plus ou moins relâchée. *Sense and Sensibilia*, comme l'indique son titre qui parodie celui d'un roman de Jane Austen, que John Austin (comme Ryle) admirait profondément, pose également la question des formes de notre sensibilité (*sensibility, sensitivity*) aux usages. Il suggère l'idée, développée dans d'autres textes d'Austin, d'une sensibilité au langage (à ses usages spécifiques et ordinaires) et aux motifs et différences qu'il dessine. C'est ce qu'Austin entend, on l'a noté, par « phénoménologie linguistique ». C'est la perception des différences dans le langage qui nous permet de mieux percevoir les choses, qui permet de *voir* des différences dans le réel.

> Nous utilisons les mots pour nous instruire sur les choses dont nous parlons quand nous nous servons de ces mots. Ou, si l'on trouve cette définition trop naïve : nous utilisons les mots comme un moyen de mieux comprendre la totalité de la situation dans laquelle nous nous trouvons amenés à faire usage des mots [1].

Les mots et les différences perceptives qu'ils tracent nous permettent de percevoir plus clairement les situations – « *what is going on* », pour reprendre, cette fois, le vocabulaire d'Erving Goffman qui s'inspire aussi d'Austin et de son analyse de « réel » pour rendre compte, dans *Frame Analysis* [2], des différences de perception du réel (social). Le langage ordinaire contient toutes les

---

1. *La philosophie analytique*, *op. cit.*, p. 334.
2. E. Goffman, *Frame Analysis* (1974), trad. fr. *Les cadres de l'expérience*, Paris, Minuit, 1991, p. 334.

différences et fait toutes les différences pertinentes. Décrire les usages, c'est décrire le réel.

> Faisons une analogie. Alors que nous pourrions raisonnablement demander : « montrons-nous le mot "éléphant" ou l'animal ? », ou encore : « écrivons-nous le mot ou l'animal ? », il est en revanche absurde de demander : « définissons-nous le mot ou l'animal ? » Car définir un éléphant (à supposer que nous le fassions jamais), c'est donner la description concise et complète d'une opération impliquant à la fois le mot et l'animal (faisons-nous le point sur l'image ou le cuirassé ?) ; c'est ainsi que parler du « fait que » est une façon concise et complète de parler d'une situation impliquant à la fois les mots et le monde [1].

Certes, dit Austin, le langage ordinaire ne peut prétendre à être le « dernier mot ». « Il nous faut simplement nous souvenir que c'*est* le *premier* mot ». Il « contient toutes les distinctions que les humains ont jugé utile de faire, et toutes les relations qu'ils ont jugé utile de marquer au fil des générations », et qui sont certainement plus subtiles et solides que « celles que nous pourrions, vous ou moi, trouver, installés dans un fauteuil par un bel après-midi – alternative méthodologique la plus appréciée » [2]. Les différences du langage retracent celles du monde et c'est ce qui rend la description linguistique possible. C'est bien la notion de différences qui instaure ce que Wittgenstein, de son côté, appelle l'« harmonie » [3]. Sans ressemblances et différences, pas de réel digne qu'on en parle.

> De plus, le monde doit manifester (nous devons observer) des ressemblances et des différences (les unes ne pourraient exister

---

1. J.L. Austin, « Truth », art. cit., trad. fr., p. 101.
2. J.L. Austin, « A Plea for Excuses », art. cit., trad. fr., p. 144.
3. Voir C. Travis, *Les liaisons ordinaires*, *op. cit.*, chap. VI.

sans les autres). S'il était impossible de différencier quoi que ce soit, ou, au contraire, si rien ne ressemblait à autre chose, il n'y aurait rien à dire[1].

Cavell a relevé cette importance de la notion de différence chez Austin, et montré le caractère naturel qu'ont chez lui les distinctions, par contraste avec les distinctions habituellement établies par les philosophes.

Il est évident qu'Austin se soucie bien en permanence d'établir des distinctions de mots, et plus elles sont fines, plus il est content, de même qu'il explique et justifie souvent ce qu'il est en train de faire en faisant l'éloge des vertus des distinctions naturelles par rapport à celles que l'on fabrique soi-même. (…) L'une des perceptions les plus fortes qu'a Austin, c'est celle du caractère mal fagoté, absurde-ment rudimentaire et inepte des distinctions habituelles tradition-nellement pondues par les philosophes. En conséquence, l'une des formes prises par ses recherches sera de rejeter les distinctions que l'on rencontre dans les parages de la philosophie, en en montrant de meilleures. Et meilleures non seulement parce qu'elles sont plus fines, mais parce qu'elles sont plus massives, qu'elles ont, si je puis m'exprimer ainsi, un plus grand poids naturel ; qu'elles apparaissent normales, et même inévitables, quand les autres sont sinistrement arbitraires ; utiles quand les autres semblent tordues ; réelles quand les autres sont académiques ; (…) C'est une différence patente avec le rôle qu'elles ont chez des philosophes tels que, par exemple, Russell, Broad ou même Moore : chez eux, les distinctions ne servent pas à comparer et (pour ainsi dire) à susciter des différences,

---

1. J.L. Austin, « Truth », art. cit., trad. fr., p. 97.

mais plutôt, pourrait-on dire, à fournir des étiquettes pour des différences déjà repérées, d'une manière ou d'une autre [1].

Le caractère *naturel* des distinctions tracées dans le langage ordinaire constitue selon Cavell une supériorité par rapport aux distinctions des philosophes, et en particulier aux distinctions établies par l'*analyse*.

> La clarté qu'Austin recherche dans la philosophie est à atteindre par l'établissement de la carte des champs de *conscience* qu'éclairent les occasions d'un mot, et non pas par l'analyse ou la substitution d'autres mots à un mot donné. Dans ce sens, une philosophie telle que la sienne n'est pas « analytique » (*ibid.*).

Austin est finalement le premier à avoir suggéré, dans son analyse du rapport entre langage et perception, que le langage était en tant que tel (en tant qu'il est utilisé, dans des *situations* et des *occasions* données, avec la bonne acuité, *acumen*) un instrument perceptif, sensible (au sens fort, comme on dit « photosensible ») aux distinctions qu'il retrace. Ce sont bien des distinctions naturelles, au sens où elles nous révèlent les différences du monde, et par là l'étendue ou la profondeur de ce que décrit le langage, et que nous pouvons connaître : l'examen du langage nous apprend *de quoi* parle le langage, ce qui n'est plus « seulement » affaire de sémantique. Là est peut-être la forme ultime du réalisme « naturel » vers laquelle nous conduit Austin, et dont héritent, chacun à leur façon, Putnam, Cavell, McDowell, et Travis.

> Ce que je suggère, c'est qu'entre les mains d'Austin, les autres mots, soumis à comparaison et distinction, nous apprennent de quoi parle

---

1. Cavell, *Must We Mean What We Say ?*, Cambridge, Mass., Cambridge University Press, 1976, p. 102-103 ; trad. fr. Paris, Bayard, 2007, à paraître.

tel mot donné. Connaître pourquoi c'est le cas, retracer comment ces procédures fonctionnent, ce serait voir quelque chose de ce qu'il souhaite que les mots nous apprennent, et c'est un indice pour expliquer notre impression, que ce que nous apprenons ne sera pas de nouveaux faits empiriques sur le monde, mais des faits qui seront pourtant révélateurs sur le monde. Certes, il s'enquiert de la différence entre faire quelque chose par erreur et faire quelque chose par accident, mais ce qui en ressort, c'est une caractérisation de *ce que c'est qu'une erreur* et (par contraste, ou pour autant qu'il y a là contraste) ce que c'est qu'un accident. Il s'enquiert de la différence entre être sûr et être certain, mais ce qui se découvre, c'est un panorama initial des ajustements complexes et mutuels entre l'esprit et le monde qui sont nécessaires au succès de la connaissance [1].

Le travail d'Austin consistera alors à recouvrer cette relation naturelle, ordinaire entre mots et monde, à travers l'examen de nos usages. Le lien entre le langage est le monde, et ce que Cavell appellera « leur intériorité réciproque » [2], se fait bien dans l'inventaire des différences : c'est en ce sens que la philosophie est un « travail de terrain », et explore la réalité à partir de ces données « expérimentales » que sont nos usages, et notre sensibilité aux différences. L'on retrouve bien là Austin et sa méthode propre :

Nous devons imaginer des cas, et tenter de tomber d'accord sur ce que nous dirions en fait à leur propos. Si nous parvenons à cet accord, nous disposerons alors de données (de données « expérimentales », en fait) et nous pouvons poursuivre en les expliquant

---

1. *Ibid.*, p. 104.
2. *Cf.* S. Cavell, *À la recherche du bonheur, Hollywood et la comédie du remariage*, Paris, Cahiers du cinéma, 1993, p. 194.

[…] par des méthodes comme celles de « l'Accord » et de « la Différence »[1].

Les différences sont déjà là, dans les choses comme dans le langage, elles ne sont pas conceptuellement imposées sur le donné. Que l'on puisse se mettre d'accord sur ces différences dans le langage est un fait remarquable, dû à l'excellence et au raffinement de l'outil linguistique. Comme le dit Austin : « Les mots sont nos outils, et au minimum nous devons utiliser des outils propres (*clean tools*) ». Pitcher raconte par ailleurs qu'Austin n'aimait pas trop dire que les mots sont des « outils » (*tools*) car le terme semble parfois désigner des instruments peu perfectionnés. Le langage est en effet un outil de précision, raffiné. Le fait que le langage ordinaire soit d'abord un outil est néanmoins un élément essentiel de sa capacité à établir des différences. Il représente l'expérience et la perspicacité héritées, « mais cette perspicacité (*acumen*) s'est concentrée essentiellement sur les aspects pratiques de la vie » où il est important de faire des différences (non seulement de comprendre la différence entre réalité et apparence, vrai et faux, mais entre une erreur et un accident, entre franchise et grossièreté, douceur et hypocrisie, insignifiance et normalité, déférence et soumission, etc.).

C'est aussi pour ces raisons que la question « que disons-nous ordinairement ? » est une question qui n'est pas « seulement » une question de langage, mais, comme l'a toujours revendiqué Austin, une question qui porte sur les choses mêmes et notre capacité de

---

1. J.L. Austin, « Three Ways of Spilling Ink », dans *Philosophical Papers*, *op. cit.*, trad. fr., p. 231-232.

rapport naturel à elles. Dans *Must We Mean What We Say*, Cavell, rapprochant sur ce point Austin et Wittgenstein, notait :

> On a parfois le sentiment que les distinctions de sens qu'Austin détecte pénètrent les phénomènes qu'elles relatent – un sentiment à la lumière duquel c'est plutôt le philosophe traditionnel qui semble ne parler que de mots. [...]
>
> Peut-être de tels faits reviennent-ils seulement à dire que la philosophie du langage ordinaire ne concerne pas le langage, en tout cas pas dans un sens où elle ne concernerait pas aussi le monde [1].

Cette familiarité, cette proximité aux choses est bien ce qu'Austin (comme Wittgenstein) attendait de la philosophie du langage ordinaire, comme faisant émerger la nature du langage ordinaire – sa (notre) revendication (*claim*, dira Cavell) des choses en tant qu'elles sont dites ou comme Austin dit ailleurs : faire des choses avec des mots.

Ainsi, on pourra certes lire dans *Sense and sensibilia* une nouvelle approche du « langage de la perception » et une critique du représentationalisme, et c'est déjà suffisant : mais on y lira aussi aujourd'hui, plus radicalement, une acception nouvelle de la sensibilité du sens aux différences que manifeste le monde – et réciproquement, de la vulnérabilité du réel aux différences tracées par nos usages.

Bruno AMBROISE
Sandra LAUGIER

---

1. S. Cavell, *Must We Mean What We Say*, *op. cit.*, p. 95.

AVANT-PROPOS

J. L. Austin, mort à quarante-huit ans, est passé dans la philosophie comme un météore. Au cours de sa brève carrière, il n'a publié aucun livre, mais, par son enseignement, il a exercé sur la philosophie anglo-saxonne une influence profonde. Outre quelques articles réunis sous le titre collectif de *Philosophical papers*, son œuvre écrite comporte deux petits ouvrages posthumes, *How to do things with words*[1] et *Sense and Sensibilia* édités en 1962 par Urmson et Warnock respectivement.

Zeno Vendler, linguiste étranger à l'école d'Oxford et peu suspect de complaisance, traduit le sentiment le plus répandu lorsqu'il écrit : « Les efforts opiniâtres de deux philosophes britanniques Warnock et Urmson, pour préserver le message d'Austin, devraient dissiper tous les doutes concernant l'importance philosophique de sa pensée. Un fleuve de revues, de discussions et d'autres livres déjà imprimés ou sur le point de l'être contribue

---

1. Publié en français sous le titre *Quand dire, c'est faire*, traduction et introduction G. Lane, Paris, Seuil, 1970.

encore à souligner la valeur des idées contenues dans ces livres du point de vue des philosophes »[1].

La théorie austinienne du performatif qui est exposée dans *How to do things with words* a dépassé les frontières du monde anglo-saxon et reçu une confirmation inattendue de la part des théoriciens de la grammaire générative. En revanche, *Sense and Sensibilia* (désormais *S & S*) est demeuré pratiquement ignoré des philosophes d'expression française[2].

S & S ne mérite cependant pas cette disgrâce. S'il est vrai que le point de départ de cet ouvrage est polémique – il s'agit d'une critique des thèses contenues dans trois livres d'auteurs britanniques contemporains : Ayer, Price et Warnock – Austin ne se confine cependant jamais dans la critique, tant s'en faut. Comme l'a dit D. Pears « il abandonne à beaucoup d'endroits la critique afin

---

1. *Foundations of language*, 1967, p. 303-310.

2. Parmi les livres consacrés à des applications des théories d'Austin formulées dans les opuscules précités, épinglons les plus marquants : M. Furberg, *Locutionary and illocutionary acts, a main theme of J. L. Austin's philosophy*, Göteborg, 1963. E. Donald, *The logic of self-involvement*, Londres, SCM Press Ltd., 1963. W. Alston, *Philosophy of Language*, Prentice Hall, 1964. J. Searle, *Speech acts, An essay in the philosophy of language*, Cambridge Univ. Press, 1969.

Une excellente étude critique nous est fournie par l'ouvrage collectif édité par K. T. Fann, *Symposium on J. L. Austin*, Londres, Routledge and Kegan. L'ouvrage contient une bonne bibliographie. Parmi les articles postérieurs à cet ouvrage et consacrés à des applications originales des vues d'Austin, il convient d'isoler le travail de J. Ladrière, « Déterminisme et responsabilité, le langage de l'action », *Revue des Questions scientifiques*, 1969, p. 9 à 30. En français, on retiendra spécialement les études sur la pensée d'Austin publiées dans les *Archives de Philosophie*, 1967, p. 5 à 60.

de développer ses propres idées »[1] et d'ailleurs la critique d'Austin dans *S & S* a toujours une portée constructive.

Que Austin expose ses vues ou celles d'un adversaire, « sa manière de procéder, poursuit Pears, est toujours la même ; dans ces leçons [*S & S*], il s'agit d'un patient effort en vue de comprendre le système complexe du langage non technique et de la pensée dont l'évolution a été conditionnée par les faits complexes de la perception des sens. Ce livre est un classique et il a transformé de manière durable le sujet qu'il traite »[2].

La manière de procéder d'Austin dans *S & S* pourrait inciter à la méfiance les lecteurs persuadés par les arguments de Bergson que le langage, loin d'être un révélateur, est plutôt un écran qui nous masque la réalité. L'approche linguistique de la perception pourrait également heurter les lecteurs orientés vers la phénoménologie et soucieux de « revenir aux choses mêmes ».

Disons tout de suite que cette méfiance n'est pas fondée. Ce sont bien les faits de la perception et non le langage qui intéressent Austin. Mais il croit que l'étude du langage est une des voies d'accès aux faits de la perception. On ne tarde pas à s'apercevoir qu'il en est bien ainsi, au moins lorsqu'on jouit de la sensibilité aiguë au sens des mots et des expressions qui était celle d'Austin. « On a parfois le sentiment, dit très justement Cavell, que les distinctions de sens que Austin détecte pénètrent les phénomènes qu'elles relatent – un sentiment à la lumière duquel c'est plutôt le philosophe traditionnel qui semble ne parler que de mots »[3].

---

1. D. Pears, « An original philosopher », *Symposium on J. L. Austin*, 1969, p. 53-54.

2. *Ibid.*

3. S. Cavell, « Austin at criticism », *ibid.*, p. 65 en note.

Austin, d'ailleurs, n'ignore pas que le langage peut déformer le réel qu'il nous présente, mais c'est surtout chez les philosophes qui font violence au langage ordinaire que cette déformation, cette distorsion, se produit. « Le fait est, écrit-il au début dans *S & S*, comme je m'efforcerai de le faire comprendre, que nos mots usuels sont beaucoup plus subtils dans leurs usages et marquent beaucoup plus de distinctions que les philosophes ne s'en sont rendu compte, et que ces faits relatifs à la perception, tels que ceux qu'ont découverts les psychologues, et qui ne sont pas passés inaperçus du commun des mortels, sont beaucoup plus diversifiés et compliqués qu'on n'a l'habitude de le croire ». La phénoménologie linguistique – c'est le nom qu'Austin donne parfois à sa méthode – n'est donc pas opposée à la phénoménologie tout court. Nous aurons l'occasion d'y revenir.

Il ne faudrait pas croire pourtant qu'Austin prenne le parti du sens commun contre la science et qu'il condamne sans merci les néologismes des philosophes. Ce qu'il attaque, ce sont les libertés que les philosophes prennent avec le langage ordinaire, lorsqu'ils seraient incapables de s'en justifier sans commettre de pétition de principe en ce qui concerne les thèses qu'ils défendent. C'est par exemple l'*introduction* du terme « perception », sans définition, dans un argument visant à établir que nous ne percevons pas directement les objets matériels, lorsqu'elle est l'œuvre d'un philosophe employant le terme en question d'une manière qui *présume* qu'entre l'objet matériel et le sujet qui perçoit s'interpose toujours une entité intermédiaire : la perception.

Hampshire a suggéré deux interprétations de la position d'Austin à l'égard du néologisme en philosophie. Selon la plus radicale, la seule que nous examinerons ici, Austin appliquerait aux formes du langage une sorte de principe de raison suffisante qu'on peut formuler ainsi : « À chaque distinction de mot ou d'expression idiomatique que nous trouvons dans le parler ordinaire, une raison peut être trouvée si nous cherchons assez loin, raison expliquant pourquoi cette distinction existe. L'investigation montrera toujours que le nombre le plus grand possible de distinctions a été obtenu par les moyens linguistiques les plus économiques. Si, en tant que philosophes, nous essayons d'introduire une distinction tout à fait nouvelle, nous trouverons que nous dérangeons l'économie du langage en effaçant ailleurs quelques distinctions qui sont utiles et déjà reconnues »[1].

Ce principe de raison suffisante aurait, toujours selon Hampshire, un corollaire. Austin accréditerait « un principe de continuité dans le langage : chaque position (sens) est occupée (signifiée). Réciproquement, il y a une présomption qu'à chaque différence verbale correspond une différence de sens indispensable »[2].

Une telle formulation des principes sous-jacents à la méthodologie d'Austin appelle certaines réserves. Elle est quelque peu caricaturale, mais une caricature peut être instructive. En outre cette formulation a le mérite de placer dans l'éclairage qui convient l'ouvrage qui nous occupe. Dans S & S, en effet, comme l'a dit Hampshire, « Austin s'est efforcé de montrer que chacune des expressions idiomatiques variées qui gravitent autour des verbes apparemment simples que sont « paraît » et « semble » joue un rôle essentiel et que la dichotomie maladroite du *sense-datum* et de

---

1. S. Hampshire, « J. L. Austin », *Symposium...*, p. 35 et 36.
2. Hampshire, *op. cit.*, p. 36.

l'objet matériel efface chaque distinction nécessaire et est inadéquate à rendre compte de la complexité de l'expérience »[1].

Le principe de continuité qu'Hampshire croit voir à l'œuvre dans la pensée d'Austin n'est pas sans évoquer par certains côtés la célèbre théorie de la valeur soutenue par Saussure et résumée dans le passage suivant du *Cours de linguistique générale*. «Dans l'intérieur d'un même langage, tous les mots qui expriment des idées voisines se limitent réciproquement : des synonymes comme *redouter, craindre, avoir peur* n'ont de valeur propre que par leur opposition, si redouter n'existait pas, tout son contenu irait à ses concurrents »[2].

Voilà pour la méthode. Sur le plan des objectifs de l'analyse philosophique, nous trouverons des affinités inattendues entre Austin et les philosophes du Continent. *S & S* accomplit dans une mesure appréciable par exemple la tâche que le phénoménologue De Waelhens s'assigne dans *La philosophie et les expériences naturelles* où il écrit : «Plutôt que de mettre au seuil de la philosophie la position et la résolution de problèmes, dont la formulation engage déjà tout l'avenir, il faut commencer par un examen du sens (ou des sens) non prévus que ces notions fondamentales ("objet, sujet, etc.") possèdent *de facto* dans le langage, en tant que celui-ci traduit une expérience spontanée et accessible à tous »[3]. Le phénoménologue F. Cowley d'autre part approuve pleinement et reprend à son compte les analyses de *S & S* dans *A critique of British empiricism*.

Que Austin trouve des alliés parmi les phénoménologues ne doit pas nous étonner : la critique austinienne de la notion de *sense-*

1. Hampshire, *ibid.*, p. 36.
2. Saussure, *Cours de linguistique générale*, Paris, 1916, p. 160.
3. A. De Waelhens, *La philosophie et les expériences naturelles*, p. 46.

datum, cette notion qui est la pierre angulaire de l'empirisme britannique contemporain, fait pendant à la critique phénoménologique de la notion de *sensation*. Il y a là une ressemblance significative entre les deux démarches. Mais il est essentiel de ne pas perdre de vue que ces deux notions parallèles ne sont cependant pas identiques. Les confondre serait commettre un contresens grave. Pour le prévenir, il importe de comparer succinctement ces deux notions en les replaçant dans le contexte des traditions philosophiques auxquelles elles ressortissent. On s'aperçoit alors que les théoriciens de la connaissance sensible en Grande-Bretagne ne se posent pas exactement les mêmes problèmes que leurs homologues du Continent. Si les problèmes ne sont pas les mêmes, les solutions forcément ne le seront pas non plus. Se fût-on avisé de cela que l'on n'aurait pas érigé en divergence doctrinale ce qui n'est que différence au niveau de la problématique.

Une première différence entre *sensation* et *sense-datum* (donnée sensible) réside en ceci que le *sense-datum* est le contenu de la *sensation* par opposition à la sensation elle-même. Il ne faut cependant pas trop insister sur cette manière de faire surgir le contraste entre les deux notions. En effet, certains empiristes britanniques rejettent l'analyse relationnelle de la sensation selon laquelle toute sensation aurait un contenu et proposent de la remplacer par une analyse dite « adverbiale » selon laquelle le *sense-datum* spécifierait la *manière* dont se présente une sensation plutôt que l'*objet* qui en est le deuxième terme.

Dans cette seconde acception de la notion de *sense-datum*, on pourrait croire que toute différence a disparu entre elle et la notion de *sensation*. Il n'en est rien cependant. La sensation que les phénoménologues s'efforcent d'exorciser est une notion apparue dans le contexte de la physiologie du xixe siècle. Lalande la définit comme un résidu : « C'est ce qui resterait d'une perception actuelle si l'on en retirait tout ce qu'y ajoutent la mémoire, l'habitude, l'entendement, la raison… ».

Au contraire, la notion de *sense-datum* a été introduite au xxe siècle par Moore et Russell dans le contexte de la théorie de la connaissance. Or les théoriciens de la connaissance en Grande-Bretagne se préoccupent moins de savoir comment *en fait* la connaissance s'édifie que de savoir sur quoi *en droit* elle se fonde. Ils prennent leurs distances vis-à-vis de la psychologie scientifique de la connaissance d'une autre manière que ne le font les phénoménologues par exemple. Le phénoménologue s'intéresse à l'ontologie de la connaissance, il s'interroge sur les préconditions fondamentales dont dépend la psychologie scientifique par exemple et c'est par là qu'il se distingue du psychologue et qu'il fait œuvre de philosophe. Le théoricien de la connaissance en Grande-Bretagne se distingue du psychologue de la connaissance en ceci qu'il s'interroge sur les fondements *de jure* de la connaissance plutôt que sur les mécanismes qui interviennent dans son élaboration, ce qui ne veut pas dire que la connaissance de ces mécanismes soit pour lui dépourvue d'intérêt.

Il faut garder présente à l'esprit cette préoccupation typiquement épistémologique des théoriciens de la connaissance sensible en Grande-Bretagne, pour comprendre la nature exacte du *sense-datum* qui est au centre de la polémique qui met aux prises Austin et les empiristes britanniques. Les philosophes anglo-saxons qui font appel à la notion de *sense-datum* confèrent à celle-ci un statut logique et épistémologique que n'a pas la *sensation* chez les philosophes français. Le *sense-datum* n'est pas seulement, comme c'est le cas pour la sensation, un matériau intervenant dans la perception, c'est une prémisse et une prémisse irrécusable, incorrigible[1] et infaillible, sur laquelle repose tout l'édifice de la connaissance sensible. Certes le *sense-datum* est parfois considéré également comme un *résidu*. C'est le cas chez Warnock par exemple, mais même alors il garde des prérogatives épistémologiques qui le distinguent de la sensation. Ainsi, pour Warnock, le *sense-datum* s'obtient lorsqu'on dépouille la connaissance sensible de toutes les inférences inductives et faillibles qu'elle comporte, afin d'atteindre une connaissance, minimale sans doute, mais irréfutable. Comme on le voit, le *sense-datum* cumule en quelque sorte les rôles joués dans la philosophie du Continent par la *sensation* et par le *Cogito*.

Il importe de s'aviser de cela pour évaluer à sa juste mesure l'enjeu de l'assaut que lance Austin dans *S & S* contre la dichotomie des choses matérielles et des *sense-data*. On commettrait une grave méprise si l'on croyait qu'il s'attaque à une notion moribonde, déjà exorcisée sur le Continent par la critique de la notion de sensation que l'on trouve chez les phénoménologues.

Ce serait une erreur tout aussi grave de croire que les recherches des phénoménologues n'ont aucune incidence sur la théorie de la connaissance sensible des empiristes britanniques contemporains et que les problèmes que les uns et les autres se posent sont formulés dans des termes si différents qu'une discussion authentique est impossible entre eux. Ce n'est nullement le cas. Austin montre dans *S & S* que les liens qui unissent les empiristes britan-

---

1. Incorrigible se dit en français d'un être humain non amendable. Le mot est péjoratif. En revanche, lorsqu'il est appliqué à des énoncés, ce terme est élogieux. Il signifie non perfectible dans le sens de « parfait d'emblée » [N.d.T.].

niques contemporains à l'empirisme traditionnel sont beaucoup plus étroits que ne le laisserait supposer leur terminologie. Il dégage des présuppositions tacites héritées de Hume et à défaut desquelles leurs arguments seraient incomplets. Par là leurs théories s'ouvrent à la discussion et peut-être même prêtent le flanc aux objections des philosophes d'inspiration phénoménologique. L'une des prémisses sur lesquelles repose l'empirisme britannique contemporain est la croyance de Hume que les expériences des sens peuvent être conçues indépendamment des choses dans le monde. Il est remarquable que l'enquête phénoménologique et l'analyse austinienne se rejoignent dans une commune critique, quoique menée par des méthodes différentes, de cette présupposition fondamentale.

L'un des arguments les plus souvent invoqués pour justifier l'introduction des *sense-data*, c'est l'argument de la *relativité* de la connaissance sensible. Pour expliquer que la lune, qui est un corps céleste de grosse taille, puisse sans contradiction avoir le même aspect qu'une minuscule pièce de monnaie, le partisan de l'introduction des *sense-data* soutient qu'il y a bien identité entre la grandeur des deux objets perçus, la lune et la pièce de monnaie, mais que les objets *perçus* ici ne sont pas les objets matériels eux-mêmes, mais les *sense-data* qui leur correspondent. Austin répond que le besoin d'introduire ces entités intermédiaires ne se serait pas fait sentir si l'on avait pris la précaution d'analyser convenablement la phrase « la lune… a l'air d'une pièce de six pence ». Cette phrase, en effet, est incomplète et tronquée. Ce que veut dire celui qui la prononce, c'est que « la lune vue à autant de milliers de kilomètres de la terre a la grandeur d'une pièce de six pence tenue à bout de bras ».

Il est significatif qu'un argument analogue ait été utilisé pour justifier l'introduction du concept de *sensation*. De ce que la même eau est sentie chaude ou froide selon la température locale de la peau, on conclut que la température est subjective, qu'elle est une sensation. La réfutation de cet argument par les phénoménologues peut être rapprochée à certains égards de celle d'Austin. De Waelhens, par exemple, exploite l'idée que l'analyse sensualiste suscite un faux problème parce qu'elle isole et tronque le phénomène. « ... Le fait allégué et tous les autres du même genre, écrit-il, prouvent simplement qu'un objet perçu n'est pas une chose-en-soi, mais qu'il s'insère toujours en diverses perspectives selon lesquelles il peut être vu et entre lesquelles nous n'avons pas à choisir »[1].

L'argument le plus souvent utilisé par les empiristes britanniques contemporains pour justifier l'introduction de *sense-data* est l'argument de l'illusion. Price et Ayer ont formulé cet argument d'une manière extrêmement élaborée et subtile. On ne s'étonnera donc pas qu'Austin y consacre trois chapitres. Jamais jusqu'à présent cet argument n'avait été disséqué avec une telle minutie. Austin en décompose une à une les étapes et dégage les présuppositions sur lesquelles il repose. L'intérêt de cette analyse déborde largement le cadre de la polémique opposant Austin aux empiristes britanniques. Il réside essentiellement dans le fait qu'Austin révèle, à l'occasion de cette analyse, les prises de position téméraires que les tenants de cet argument n'hésitent pas à faire en sémantique, assumant par exemple une *équivocité* du verbe « percevoir » qui ne résiste pas à l'examen.

1. A. De Waelhens, « La phénoménologie du corps », *Revue philosophique de Louvain*, 1950, p. 377.

Dans *S & S* l'analyse sémantique n'est jamais gratuite, elle a constamment une portée critique et doctrinale. La classification des illusions, la dissociation entre l'illusion non trompeuse et l'illusion trompeuse (*delusion*), l'exploration du champ sémantique formé par les termes « précis, exact, juste » sont autant d'investigations dont l'importance philosophique est considérable. On peut en dire autant de l'analyse critique de l'expression « perception directe (immédiate) » dont les philosophes font grand usage. Austin révèle ici que, contrairement à ce que l'on pourrait croire, c'est l'adverbe négatif « indirectement » qui est prioritaire dans l'ordre du sens, car pour comprendre en quoi consiste une perception immédiate ou directe on doit connaître *au préalable* les possibilités variées de connaissance indirecte.

Il en va de même de l'opposition entre le réel et l'irréel. Ici aussi, c'est l'usage négatif qui est prioritaire. Austin établit également que l'adjectif « réel » comme l'adjectif « bon » est tributaire du *substantif* auquel on l'associe. Faute de s'aviser de cette particularité, bon nombre de philosophes ont posé de faux problèmes. Mais l'analyse de la notion de réalité par le truchement de l'étude des emplois du mot « réel » que Austin entreprend n'intéresse pas la philosophie seulement. Comme le remarque Vendler, « il apparaît à n'importe quel auteur bien informé que dans la discussion des termes *réel* et *bon*, Austin anticipe certains résultats de la grammaire transformationnelle. Il doit s'être rendu compte que le lien grammatical qui unit *réel* ou *bon* au nom doit différer de celui qui lie *rose* et *rond* au nom ».

Il y a d'autres anticipations remarquables de la linguistique dans *S & S* et d'autres innovations qui devaient par la suite se révéler fécondes. Ainsi l'étude des différences de signification des termes, *look*, *appear* et *seem* à laquelle nous avons fait allusion constitue l'une des premières applications de la recherche de *co-occurrences*. Originale et féconde également est l'analyse que Austin donne de certains cas d'*asymétrie* entre la voix active et la voix passive : « Deux feuilles de papier sont perçues par moi », note-t-il, ne peut pas toujours être substitué *salva veritate* à « Je perçois deux feuilles de papier ».

C'est pour souligner cette polyvalence d'intérêts que présente *S & S* que nous avons substitué « le langage de la perception » au titre original. Il y a une autre raison à cette altération. Le terme *sensibilia* n'a pas d'équivalent dans la terminologie philosophique française et le rôle effacé que joue cette notion dans *S & S* nous autorisait à l'éliminer complètement. La notion de *sensibilia* est dérivée de celle de *sense-datum*. Elle a été introduite par Russell dans *Mysticism and Logic*. Les *sensibilia* sont des « objets qui ont le même statut métaphysique et physique que les *sense-data* sans être nécessairement les *data* d'aucun esprit »[1].

Ajoutons pour conclure que l'apport constructif de *S & S* l'emporte sur la contribution critique. Lorsqu'il polémique avec Ayer, Price et Warnock, Austin extrait les arguments du contexte. Or, comme l'a montré Ch. Perelman dans le *Traité de l'argumentation*, le poids d'un argument dépend de la place qu'il occupe dans le système. Il faut s'en souvenir pour apprécier équitablement la portée de certaines objections d'Austin.

Paul GOCHET
1971

1. Nous tenons à remercier ici le professeur Ph. Devaux qui nous a suggéré certaines notes et Miss Grace Mills qui a supervisé notre traduction.

PRÉFACE

PRÉFACE

Austin fit souvent cours sur les problèmes dont ce livre s'occupe.

Les premières conférences, qui se présentaient pour l'essentiel dans la forme qu'elles ont ici, sont celles qu'il fit à l'université d'Oxford pendant le premier trimestre 1947, sous le titre général de « Problèmes de Philosophie ». Il employa le titre *Sense and Sensibilia* pour la première fois pendant le troisième trimestre de l'année suivante, et ce titre fut retenu définitivement par la suite.

Dans ce cas, comme dans d'autres, Austin écrivit et réécrivit continuellement ses propres notes. Quelques notes, sans date et très fragmentaires, nous sont restées, qui sont probablement celles qu'il employait en 1947. Une autre série de notes fut préparée en 1948 et encore une autre en 1949. Cette dernière série dans laquelle Austin fit des interpolations et des corrections en 1955 couvre en détail les premières parties de son argumentation, mais ses notes pour les conférences ultérieures sont beaucoup moins fournies et manifestement incomplètes. Une quatrième série de notes fut écrite en 1955 et les toutes dernières en 1958 pour les cours qu'Austin fit à l'Université de Californie l'automne de cette année-là. Les cours sur *Sense and Sensibilia* furent donnés pour la dernière fois à Oxford pendant le second trimestre 1959. En plus de ces brouillons successifs, les papiers d'Austin contiennent un certain nombre de feuilles séparées, de dates différentes, sur lesquelles il avait écrit des notes concernant la même série de problèmes. La matière principale de beaucoup de celles-ci fut incorporée dans les notes qu'il utilisait au cours de ses leçons et aussi dans le présent ouvrage. Certaines d'entre elles cependant se révélèrent comme étant des versions provisoires et d'autres, bien que parfois très détaillées, étaient manifestement rédigées au cours de la préparation de ses leçons, mais n'étaient pas destinées à y être incorporées.

Tous ces manuscrits se trouvent, à présent, à la Bibliothèque Bodléenne et peuvent y être consultés par les lecteurs intéressés. Les dernières séries de notes, celles de 1955 et 1958, ne couvrent pas complètement les sujets traités. Elles consistent essentiellement en matériaux supplémentaires et, pour le reste, elles renvoient avec de légères modifications, avec aussi des révisions et des corrections, aux brouillons des années 1948 et 1949. Dans le texte qu'on va lire, ces matériaux supplémentaires se trouvent principalement dans le chapitre 7 et dans la dernière partie du chapitre 10 ainsi que dans le chapitre 11.

Lors des cours qu'il fit à Berkeley, Austin employa aussi une partie des matériaux contenus dans son essai *Unfair to facts*. Mais ceci ne faisait pas partie normalement de ses cours sur ce sujet, et a été omis ici, étant donné que cet essai a déjà été publié.

Il importe d'expliquer en détail comment le texte que je présente a été préparé.

Austin envisageait certainement l'éventualité que son œuvre sur la perception fût un jour publiée, mais lui-même n'a jamais entrepris la préparation de l'édition. Aussi, toutes ses notes se réduisaient-elles à ce dont il avait besoin pour ses cours ; et, de notre point de vue, c'est une malchance qu'il ait su parler en public avec une parfaite aisance et une extrême précision sans confier, en détail, à ses notes, les matériaux qu'il exploitait.

Il ne pouvait pas être question de publier ses notes telles que nous les avons trouvées ; car sous cette forme-là elles eussent été illisibles et à peine intelligibles.

Pour cela, il fut décidé qu'elles devaient être écrites dans une forme continue, et le lecteur doit toujours garder à l'esprit que le texte qui suit, tout en étant fondé d'aussi près que possible sur les notes d'Austin, ne contient presque aucune phrase qui soit une transcription directe de son propre manuscrit.

La version ici présentée se rapproche le plus des notes d'Austin dans les chapitres 1, 6, 8 et 9, dans lesquels son argumentation ne varie guère à partir de 1947. Dans les chapitres 7, 10 et 11, quoiqu'il n'y ait pas place pour des doutes sérieux sur le point de savoir quelle était l'argumentation d'Austin, il était sensiblement moins facile de découvrir, sur la base de ses notes, comment exactement et dans quel ordre son argumentation devait être articulée. Aussi, dans ces chapitres, le lecteur doit-il être particulièrement attentif à ne pas attribuer trop d'*importance* à chaque détail de la présentation. C'est ici que le rédacteur a le plus de chances de s'être trompé.

En vérité, ce serait faire preuve d'un optimisme exagéré que de supposer que ces erreurs ne se sont pas glissées ailleurs aussi. Si on ne considère que le nombre de mots employés, le texte actuel a dû être accru cinq à six fois par rapport à la série des notes même la plus complète et bien qu'il n'y ait aucune raison de douter que les opinions d'Austin étaient substantiellement telles que nous les présentons, il est impossible d'être certain que nulle part elles n'aient été mal représentées dans les détails. La signification exacte de ce qu'il voulait dire – par exemple la manière dont il aurait développé ou nuancé une phrase, ou même un seul mot, au cours de ses conférences était parfois pour nous sujet à conjecture, et sur certains points il est plus que probable qu'un autre rédacteur aurait choisi une autre interprétation. Ceci est, sans doute, inhérent à la procédure de ré-écrire sans cesse, peu satisfaisante, mais dans le cas présent inévitable. Le texte présenté ici ne peut donc être conçu comme reproduisant mot à mot ce qu'Austin a vraiment dit dans ses cours. Et, bien entendu, ce texte ne s'approche pas non plus et il est probable qu'il est loin d'approcher de ce qu'Austin aurait écrit, s'il avait lui-même préparé, sur ce sujet, un texte destiné à la publication.

Le plus qu'on puisse soutenir – et j'ose le faire avec confiance – est que dans toutes les questions de contenu et dans beaucoup de points de phraséologie, son argumentation était l'argumentation contenue dans le présent ouvrage.

En fait, s'il ne m'était pas possible de soutenir ceci avec conviction, il n'aurait pas été question de publier *Sense and Sensibilia* sous la forme présente.

Il faut ajouter que la division du texte en chapitres n'est pas celle d'Austin lui-même, et qu'elle a été faite simplement en vue de distinguer les étapes successives de la discussion. La division qu'Austin faisait lui-même en conférences séparées était parfois et inévitablement arbitraire et parfois aussi elle n'était pas uniforme, de sorte qu'il n'aurait été ni désirable, ni pratique de s'y tenir dans ce travail-ci.

Plusieurs d'entre ceux qui ont assisté aux conférences qu'Austin faisait à Oxford ou aux États-Unis ont eu la gentillesse de m'envoyer les notes qu'ils y avaient prises. Celles-ci ont été extrêmement utiles, en particulier celles de Mr. G. W. Pitcher, de l'Université de Princeton, et celles de différents membres du Département de Philosophie à Berkeley, qui sont presque aussi fournies que celles d'Austin.

Il est à craindre que ceux qui ont entendu les cours (comme je l'ai fait en 1947) ne trouvent que le présent ouvrage n'est qu'une imparfaite approximation de ce qu'Austin disait.

Pourtant, j'espère qu'ils m'accorderont que même cette façon de donner une forme écrite et permanente à la pensée d'Austin est mieux que rien.

J'aimerais exprimer mes remerciements à Mr. J. O. Urmson qui a lu les épreuves du texte et qui a fait beaucoup de suggestions pour l'améliorer.

Novembre 1960
G. J. WARNOCK

J. L. Austin

LE LANGAGE DE LA PERCEPTION

CHAPITRE PREMIER

Au cours de ces leçons, je discuterai certaines doctrines courantes (peut-être aujourd'hui moins courantes qu'elles ne l'étaient naguère) sur la perception sensible. Nous n'arriverons pas, je le crains, à trancher la question de savoir si ces doctrines sont vraies ou fausses, mais en fait c'est là une question qui ne pourrait vraiment pas être tranchée, puisqu'il s'avère que toutes ces doctrines entreprennent des tâches au-dessus de leurs forces.

Je prendrai comme prétexte principal dans ces discussions *The Foundations of Empirical Knowledge*[1] du professeur A. J. Ayer, mais je mentionnerai aussi *Perception*[2] du professeur H. H. Price et plus tard le livre de G. J. Warnock sur *Berkeley*[3]. Il y a beaucoup de choses à critiquer dans ces textes, mais je les choisis à cause de leurs mérites et non à cause de leurs faiblesses. Ils me semblent fournir les meilleurs exposés dont on dispose des arguments admis aujourd'hui pour justifier des théories au moins aussi vieilles que celles d'Héraclite, mais plus complètes, plus cohérentes et plus

1. Mac Millan, 1940.
2. Methuen, 1932.
3. Penguin Books, 1953.

exactes dans leur terminologie que celles qu'on trouve, par exemple, chez Descartes ou Berkeley.

Sans doute les auteurs de ces livres ne soutiennent-ils plus les théories qui y sont exposées ou du moins ne les exposeraient-ils plus exactement sous la même forme. Mais au moins ils les ont soutenues, en fait, il n'y a pas longtemps et, bien entendu, un grand nombre de philosophes ont défendu les mêmes théories et ont formulé d'autres doctrines qui en découlaient.

Il arrive que les auteurs que j'ai choisi de discuter se distinguent l'un de l'autre par certains raffinements dont nous tiendrons compte le cas échéant – ils semblent, par exemple, ne pas être d'accord sur la question de savoir si la distinction de base qu'ils établissent est une distinction entre deux «langues» ou entre deux *classes d'entités* – mais je crois qu'ils sont d'accord entre eux, et avec leurs prédécesseurs, sur toutes leurs présuppositions importantes (présuppositions qui sont passées pour la plupart inaperçues).

Idéalement, je suppose qu'une discussion de cette sorte devrait commencer par l'examen des tout premiers textes; mais dans le cas présent, c'est impossible, du fait que ces textes n'existent plus. Les doctrines que nous discuterons – à l'opposé des doctrines sur les universaux – étaient déjà anciennes à l'époque de Platon.

La doctrine, telle qu'on l'exprime généralement, s'entend ainsi : jamais nous ne voyons ou nous ne percevons (ou sentons), en tout cas, *directement*, des objets matériels (ou des choses matérielles). Ce que nous percevons directement, ce sont seulement des *sense-data* (ou nos propres idées, impressions, *sensa*, perceptions sensibles et percepts, etc.).

On peut bien se trouver dans la nécessité de demander à quel point cette doctrine doit être prise au sérieux; à quel point les philosophes, qui la formulent, veulent être pris dans un sens strict et littéral. Mais je pense que nous ferons mieux de ne pas nous préoccuper de cette question pour l'instant. À vrai dire, celle-ci n'est pas du tout aisée à résoudre, car, si étrange que la doctrine puisse paraître, on nous dit de ne pas nous faire trop de souci à son endroit, car en vérité elle ne ferait qu'exposer ce que nous croyons depuis toujours. (Vous pouvez en prendre une partie tout en rejetant le reste).

Il est clair, en tout cas, qu'on pense la doctrine *digne d'être énoncée*, et il est tout aussi clair qu'on la juge troublante. Ainsi pouvons-nous l'aborder avec l'assurance qu'elle mérite une attention sérieuse.

En général, je pense que cette doctrine est une conception typiquement scolastique, imputable à une attention obsessionnelle portée à quelques mots particuliers dont l'emploi simplifié à l'extrême n'a pas vraiment été compris, ni soigneusement étudié ou correctement décrit, imputable aussi à une attention obsession-nelle accordée à quelques « faits » (presque toujours les mêmes) imparfaitement étudiés.

(J'ai dit « scolastique », mais j'aurais pu aussi bien dire « philo-sophique ». La simplification excessive, la schématisation et la répétition constante et obsessionnelle de la même gamme limitée d'exemples appauvris ne sont pas particulières à ce cas-ci, mais ne sont que trop courantes pour qu'on puisse les écarter comme si elles étaient une faiblesse occasionnelle des philosophes).

Le fait est, comme je m'efforcerai de le faire comprendre, *que* nos mots usuels sont beaucoup plus subtils dans leurs usages et marquent beaucoup plus de distinctions que les philosophes ne s'en sont rendu compte, et que les faits relatifs à la perception tels que ceux qu'ont découverts les psychologues, mais qui ne sont pas passés inaperçus du commun des mortels, sont beaucoup plus diversifiés et compliqués qu'on n'avait l'habitude de le croire.

Ici, comme ailleurs, il importe d'abandonner les vieilles habitudes de *Gleichschaltung*, cette révérence profondément ancrée en nous envers une dichotomie d'apparence bien ordonnée.

Je *ne* soutiendrai *pas* – et ceci est un point sur lequel nous devons nous entendre dès le début – que nous devrions être « réalistes » et adopter la doctrine selon laquelle nous percevons *vraiment* des choses (ou des objets) matériels. Cette doctrine ne serait pas moins scolastique et erronée que son antithèse. *La question* : « Percevons-nous des choses matérielles, ou des données sensibles ? » paraît sans doute très simple – *trop simple*. Elle est tout à fait trompeuse (*cf.* la question vaste et ultra-simplifiée de Thalès « de quoi le monde est-il fait ? »).

Une des choses les plus importantes à saisir est que ces deux appellations « *sense-data* » et « chose matérielle » existent aux dépens l'une de l'autre. Ce qui est factice n'est pas l'une de ces deux appellations, mais l'antithèse elle-même [1].

Il n'y a pas *qu'une seule* sorte de choses que nous « percevons », mais au contraire beaucoup de genres *différents*, et si le nombre peut en être réduit, c'est grâce à la recherche scientifique et non par la philosophie. Les porte-plume diffèrent à beaucoup de points de vue, mais pas à tous les points de vue, des arcs-en-ciel, lesquels diffèrent à leur tour à beaucoup de points de vue, mais pas à tous, des images consécutives, lesquelles sont, à leur tour, diffé-

---

1. Le cas de « universel » et « particulier » ou « individuel » est semblable à certains égards, mais, bien entendu, pas à tous les égards. En philosophie, il est souvent prudent, lorsqu'un membre d'une paire putative est suspect, de montrer la même suspicion à l'égard du membre apparemment innocent de la paire.

rentes à beaucoup de points de vue, mais pas à tous, des projections cinématographiques et ainsi de suite, sans limite assignable.

Ainsi nous *ne* devons *pas* chercher une réponse à la question de savoir quelle *sorte* de choses nous percevons. Ce que nous devons faire est avant tout négatif : nous devons nous débarrasser d'illusions telles que « l'argument de l'illusion », un argument dont les plus chauds partisans (Berkeley, Hume, Russell, Ayer), qui par ailleurs sont aussi les auteurs qui maîtrisent le mieux un certain style spécial et désinvolte d'anglais philosophique masquant les difficultés, ont tous soupçonné néanmoins d'être un argument fallacieux.

Il n'existe aucun moyen simple de se débarrasser de ces illusions, en partie parce que, comme nous le verrons, il n'existe aucun « argument » simple. Il s'agit plutôt de débrouiller un à un une masse de raisonnements invalides et séduisants (dus à des erreurs de langage pour la plupart) et de démasquer une grande variété de motifs cachés, tâche qui, *dans un sens*, nous laissera à notre point de départ.

Dans un sens, cependant, nous pourrons espérer apprendre quelque chose de positif sous la forme d'une technique pour résoudre les perplexités philosophiques (*certaines* catégories de perplexités philosophiques, mais pas le tout de la philosophie) et nous pourrons aussi espérer apprendre quelque chose au sujet de la signification de certains mots (« *réalité* », « *semble* », « *a l'air* », etc.), lesquels sont très intéressants de leur propre droit (tout en étant, philosophiquement parlant, très fuyants).

D'ailleurs, il n'y a rien de manifestement plus ennuyeux que la répétition constante d'affirmations fausses, et auxquelles manque parfois toute apparence de bon sens. Si nous pouvions en réduire le nombre, cela ferait le plus grand bien.

CHAPITRE II

Jetons donc un regard sur les toutes premières pages des *Foundations* d'Ayer. Nous y trouvons les premières manœuvres d'une entreprise de séduction. Dans ces paragraphes, il nous semble déjà voir « l'homme de la rue » sous l'aspect invraisemblable d'Ayer lui-même *dribler avec entrain pour se mettre en position devant son propre but, s'avançant en posture de combat pour consommer sa propre destruction*[1].

Normalement, il ne nous vient pas à l'esprit que nous ayons besoin de justifier nos croyances en l'existence des choses matérielles.

En ce moment, par exemple, je ne doute absolument pas que je perçois des objets familiers, les chaises et la table, qui meublent ma chambre, les livres, les tableaux et les fleurs qui la décorent et je suis par conséquent convaincu qu'ils existent. J'admets que les gens sont parfois trompés par leurs sens, mais cela ne me conduit pas à douter de mes propres perceptions sensibles en général, ni à penser qu'elles pourraient en ce moment même être en train de me

---

1. L'auteur fait allusion ici au fait que le professeur Ayer est un supporter passionné d'une équipe londonienne de football [N.d.T.].

tromper. Et ceci n'est pas, je crois, une attitude exceptionnelle. Je pense que dans la pratique la plupart des gens admettent avec John Locke que « la certitude de l'existence des choses » *in natura rerum*, lorsque nous avons le témoignage des sens pour l'étayer, n'est pas seulement le maximum de ce que notre être physique peut atteindre, mais aussi tout ce que notre condition requiert. Cependant, lorsqu'on se tourne vers les textes des philosophes qui se sont récemment intéressés à la perception, on en vient vite à se demander si la question est aussi simple. Il est vrai que ces philosophes admettent, en général, que notre croyance en l'existence des choses matérielles est bien fondée – certains d'entre eux diraient même qu'il y a des occasions où nous connaissons avec certitude la vérité de propositions telles que « ceci est une cigarette » ou « ceci est un porte-plume ». Mais, même alors, ils ne sont pas, pour la plupart, disposés à admettre que les objets tels que les cigarettes ou les porte-plume soient jamais directement perçus. Ce que nous percevons directement, selon eux, c'est toujours un objet d'un genre différent de ceci, un objet qu'il est d'usage aujourd'hui d'appeler « donnée sensible » (*Sense-datum*).

Or dans ce passage l'auteur a marqué un certain contraste entre ce que nous (ou l'homme de la rue) croyons (ou croit) et ce que les philosophes ou au moins la plupart d'entre eux croient ou sont « prêts à admettre ». Nous devons examiner les deux volets de ce contraste en nous préoccupant particulièrement des présuppositions et des implications contenues dans ce qui est dit explicitement. Commençons par examiner l'opinion attribuée à l'homme de la rue.

1. On suppose clairement et avant toute chose que l'homme ordinaire pense percevoir des réalités matérielles.

Or, au moins si l'on entend par là que l'homme de la rue *dirait* qu'il perçoit les choses matérielles, cette interprétation est manifestement erronée dès le départ, car l'expression « chose matérielle » n'est pas une expression qu'il utiliserait, pas plus d'ailleurs probablement que le mot « percevoir ». On peut présumer, il est vrai, que l'expression « chose matérielle » est employée ici, non pas comme étant ce que l'homme de la rue *dirait*, mais pour désigner d'une façon générale la *classe* des choses dont ce dernier croit, et de temps en temps dit, qu'il perçoit des exemples particuliers. Mais, alors, nous devons naturellement nous demander ce que comprend cette *classe*. On nous donne comme exemples « des objets familiers » – les chaises, les tables, les tableaux, les livres, les fleurs, les porte-plume, les cigarettes. L'expression « chose matérielle » n'est pas ici (ni nulle part ailleurs dans le texte d'Ayer) définie davantage [1].

Mais l'homme de la rue *croit-il* vraiment que ce qu'il perçoit est (toujours) quelque chose de semblable aux meubles ou à ces autres « objets familiers » (des spécimens de dimensions moyennes de denrées solides). Nous pouvons penser aussi, par exemple, aux personnes, à leur voix, aux fleuves, aux montagnes, aux flammes, aux arcs-en-ciel, aux ombres, aux images apparaissant sur un écran de cinéma, aux tableaux accrochés aux murs ou aux images qu'on trouve dans les livres, aux vapeurs, aux gaz – toutes choses que les gens disent voir ou (dans certains cas) entendre ou sentir, c'est-à-dire « percevoir ». Toutes ces choses sont-elles des « choses

---

1. Comparez la liste de Price, p. 1, de *Perception* – « Les chaises et les tables, les chats et les pierres » – quoiqu'il complique les choses en ajoutant « l'eau » et « la terre ». Voir aussi, p. 280, ce qu'il dit des « objets physiques » et des solides « visuo-tactiles ».

matérielles »? Et si ce n'est pas le cas, lesquelles d'entre elles exactement n'en sont pas, et pourquoi exactement n'en sont-elles pas? On n'a pas daigné répondre à ces questions.

L'ennui, c'est que l'expression « *chose matérielle* » fonctionne déjà et se trouve là depuis le début comme repoussoir au terme de « donnée sensible ». Aucune autre fonction ne lui est assignée ici, ni par la suite, et mis à part cette préoccupation de construire une antithèse, il ne serait assurément jamais venu à l'esprit de personne de tenter de représenter comme formant un *genre de choses unitaire* les êtres que l'homme de la rue dit « percevoir ».

2. En outre, le contraste en question semble impliquer également : *a*) que lorsque l'homme de la rue croit qu'il ne perçoit pas une « chose matérielle », il croit qu'il est trompé par les sens; et *b*) que lorsqu'il croit être trompé par les sens, il croit que ce qu'il perçoit n'est pas une « chose matérielle ».

Mais ces deux conclusions sont toutes les deux fausses. Un homme ordinaire, qui verrait, par exemple, un arc-en-ciel et qui serait persuadé qu'un arc-en-ciel n'est pas une « chose matérielle » ne conclurait pas sur-le-champ que ses yeux le trompent, pas plus que, sachant qu'un bateau sur la mer, observé par temps clair, est beaucoup plus éloigné qu'il ne paraît l'être, il ne conclurait que ce qu'il voit n'est pas une chose matérielle (encore moins, que ce qu'il voit est un bateau fantôme). C'est-à-dire qu'il n'y a pas plus de contraste simple entre ce que l'homme de la rue croit quand tout va bien (qu'il « perçoit les choses matérielles ») et ce qu'il croit quand quelque chose ne va pas (que les « sens le trompent » et qu'il *ne* « perçoit pas de choses matérielles »), qu'il n'y a de contraste entre ce que l'homme de la rue croit qu'il perçoit (« les choses matérielles) et l'opinion que les philosophes, pour leur part, sont prêts à admettre, quelle que soit cette opinion.

3. On est en train de préparer le terrain pour *deux* dichotomies fausses. Puis, n'est-il pas discrètement suggéré dans ce passage, que l'homme de la rue est en vérité quelque peu naïf[1]? Il « ne lui vient pas, normalement, à l'esprit » que sa croyance en « l'existence des choses matérielles » réclame une justification, mais peut-être cela *devrait*-il lui venir à l'esprit. Il ne doute absolument pas qu'il perçoit vraiment des chaises et des tables, mais peut-être *devrait*-il avoir quelques doutes et ne pas être si vite satisfait. Le fait que les gens sont parfois trompés par leurs sens « ne le conduit pas à soupçonner » que tout n'est peut-être pas pour le mieux. Mais, peut-être une personne plus réfléchie en *viendrait-elle* à avoir ce genre de soupçons. Bien que ces phrases ne fassent que décrire ostensiblement la position de l'homme de la rue, un début de travail de sape est déjà effectué en douceur par l'emploi de ces tournures.

4. Mais, et cela est peut-être plus important, on sous-entend, et on tient même pour assuré par l'emploi de ces phrases que le doute et la suspicion ont lieu d'être, que l'homme de la rue les éprouve ou non. La citation de Locke à laquelle on dit que la plupart des gens souscrivent, contient, en fait, une forte *suggestio falsi*. Elle suggère que lorsque, par exemple, je regarde une chaise à quelques mètres de moi en plein jour, je me considère comme sachant, avec toute la certitude désirable et possible dans ce cas, qu'il existe une chaise et que je la vois. Mais, en fait, l'homme de la rue considérerait le doute, en pareil cas, non comme outré, ou sophistiqué, ou en

1. Price, *op. cit.*, p. 26, dit que l'homme de la rue est naïf, quoiqu'il ne semble pas établi qu'il soit un réaliste naïf.

quelque sorte peu réaliste – il le considérerait tout simplement comme manifestement *dépourvu de sens*; il dirait, et il aurait pleinement raison : « Eh bien, si cela ne consiste pas à voir une chaise réelle, alors *je ne sais pas ce que c'est que voir une chaise* ». En outre, quoique la croyance attribuée à l'homme de la rue et selon laquelle on pourrait se fier « en général » ou « à présent » aux « perceptions sensibles » soit implicitement contrastée avec l'opinion des philosophes, il s'avère que cette dernière n'est pas qu'on ne peut pas faire confiance à ses perceptions sensibles « en général », « maintenant » ou aussi souvent qu'on le pense, car apparemment, la « plupart » des philosophes soutiennent en fait que ce que croit l'homme de la rue n'arrive jamais – « ce que, dans leur opinion, nous percevons directement est *toujours* un objet d'un genre différent ». Le philosophe ne va pas vraiment soutenir que les choses vont de travers, plus souvent que ne le suppose l'imprudent homme de la rue, mais que celui-ci a toujours tort en quelque sens et de quelque façon. Aussi y a-t-il une certaine tromperie à laisser entendre, *non seulement* qu'il y a toujours place pour le doute, *mais également* à insinuer que le désaccord entre les philosophes et l'homme de la rue n'est qu'une différence de degré. En vérité, ce n'est pas du tout de cette sorte de désaccord qu'il s'agit.

5. Considérons maintenant ce qu'on dit ici au sujet des perceptions trompeuses. Nous reconnaissons, dit-on, que les « hommes sont parfois trompés par leurs sens », quoique nous pensions pouvoir « nous fier » en général à nos « perceptions sensibles ».

Remarquons, tout d'abord, que quoique la phrase « trompés par nos sens » soit une métaphore commune, elle n'en *est* pas moins une métaphore. Ce fait vaut la peine d'être noté, car dans ce qui suit, la même métaphore est fréquemment reprise et prolongée par l'expression « véridique » et est prise très au sérieux. En réalité, bien sûr, nos sens sont muets. Quoique Descartes et d'autres parlent du « *témoignage de nos sens* », nos sens ne nous *disent* rien du tout, ni de vrai ni de faux. Tout cela est encore aggravé ici par l'introduction, sans explication, d'une toute nouvelle création : nos « perceptions sensibles ». Ces entités qui, bien entendu, ne figurent nulle part dans le langage de l'homme de la rue, ni même au sein de ses croyances, sont introduites en impliquant que chaque fois que nous « percevons » quelque chose, il y a une entité *intermédiaire* et *toujours* présente qui nous *informe* sur quelque chose d'*autre* qu'elle-même. La question qui se pose alors est celle-ci : « Pouvons-nous, oui ou non, nous fier à ce qu'elle nous apprend ? Est-ce véridique ? ». Mais, évidemment, présenter le problème de cette façon, c'est simplement « ramollir » les prétendues opinions de l'homme de la rue en prévision du traitement qu'on leur réserve. C'est préparer la voie en attribuant pratiquement à l'homme de la rue la prétendue opinion des philosophes.

Ensuite, il faut se rappeler que parler de tromperie n'a de sens que sur un fond de *non-tromperie* générale. (On ne peut pas tromper tout le monde tout le temps). Il doit être possible de *reconnaître* un cas de tromperie en comparant le cas étrange à des cas plus normaux. Si je dis : « Notre jauge d'essence nous trompe parfois », on me comprend dans ce sens : « bien que ce que la jauge indique corresponde habituellement à ce qui est contenu dans le réservoir, il arrive qu'elle ne le fasse pas. Elle indique parfois dix litres, alors que le réservoir est presque vide ». Mais supposons que je dise : « Notre boule de cristal nous trompe parfois ». Ce propos nous intriguerait, car nous n'avons vraiment pas la moindre idée de ce que serait le cas « normal », c'est-à-dire le cas où nous ne serions pas trompés par notre boule de cristal.

En outre, les circonstances où l'homme de la rue dirait qu'il a été « trompé par ses sens » ne sont pas du tout communes. En particulier, il *n'*emploierait *pas* ce langage dans des cas normaux de perspective, d'*images dans un miroir*, ou de rêves. En fait, lorsqu'il rêve, regarde en bas d'un chemin long et droit, ou s'il regarde son visage dans une glace, il n'est pas du tout trompé, ou du moins presque jamais. Ce fait vaut la peine d'être rappelé en face d'une autre puissante « *suggestio falsi* », à savoir la suggestion que lorsque le philosophe cite comme exemples d'« illusions » tous ces phénomènes et beaucoup d'autres qui sont très communs, il ne fait simplement que mentionner des cas dont l'homme de la rue admet tacitement qu'ils sont des cas de « tromperie par les sens », ou qu'étendre un peu ce que ce dernier admettrait immédiatement. En fait, ceci est vraiment très loin d'être le cas.

Si l'homme de la rue n'accepte certainement rien qui ressemble au nombre énorme de cas d'erreurs dues au sens que les philosophes semblent admettre, il serait certainement tout à fait erroné de suggérer qu'il considère comme étant de la même sorte tous les cas qu'il consent à accepter. En vérité, la bataille est déjà à moitié perdue si l'on admet cette suggestion. Parfois, l'homme de la rue préférerait dire que ses sens furent trompés plutôt que de dire qu'il fut trompé par ses sens. La vitesse de la main [du prestidigidateur] trompe les sens. Mais il existe en réalité une riche collection de cas et, au moins en ce qui concerne les cas marginaux, on ne sait pas dire avec certitude quels sont, au juste, les cas pour lesquels on pourrait employer de manière naturelle la métaphore « trompés par les sens » et quels sont ceux pour lesquels on ne le pourrait pas (et ce serait une tâche typiquement scolastique d'essayer de le faire).

Mais, assurément, même l'homme le plus ingénu voudrait distinguer : *a*) les cas où l'organe des sens est dérangé ou anormal, ou incapable de fonctionner normalement d'une façon ou d'une autre, *b*) les cas où les intermédiaires (*médium*) – ou plus généralement les conditions de la perception sont en quelque sorte anormales, ne fût-ce que temporairement, et *c*) les cas où on a fait une inférence non valide, où on a mal interprété les choses, où, par exemple, on a fait une mauvaise interprétation d'un son que l'on a entendu. (Naturellement ces cas ne s'excluent pas l'un l'autre). Et puis encore il y a des cas tout à fait courants de mauvaise lecture ou de mauvaise audition, les oublis freudiens, etc., qui ne semblent appartenir à aucune de ces rubriques.

Une fois de plus, il n'y a pas de dichotomie nette et simple entre les cas où les « choses vont bien » et ceux où « elles vont mal ». Il y a, comme nous le savons tous, des tas de façons dont les choses peuvent aller de travers, qui ne peuvent pas obligatoirement être classées d'une manière générale et qu'on doit même se défendre de classer ainsi.

Finalement, pour reprendre ici un point que nous avons déjà mentionné, l'homme de la rue *ne* suppose *pas* que tous les cas dans lesquels il est « trompé par ses sens » soient semblables en cela que, dans ces cas, il « ne perçoit pas des choses matérielles » ou qu'il *perçoit* quelque chose d'irréel ou d'immatériel. Regarder le diagramme de Müller-Lyer (dans lequel de deux lignes de longueur égale, l'une paraît plus longue que l'autre) ou regarder un village éloigné, par un jour clair, à travers une vallée, n'est pas du tout du même tonneau que de voir un fantôme ou que de voir des rats roses dans une crise de *delirium tremens*. Et quand l'homme de la rue voit sur une scène de music-hall « la femme sans tête », ce qu'il voit (et ceci *est* ce qu'il voit, qu'il le sache ou non) n'est pas quelque chose d'«irréel» ou d'«immatériel», mais une femme vue sur un fond noir, avec la tête dans un sac noir. Si le trucage est bien fait, le spectateur ne se rend pas bien compte de ce qu'il voit (parce que cela lui est intentionnellement rendu très difficile) ou plutôt il ne *voit* pas *ce* que c'est. Mais dire ceci, ce n'est pas encore conclure, tant s'en faut, que le spectateur voit quelque chose d'*autre*.

En conclusion, donc, il n'y a *absolument* pas de raison d'avaler la suggestion que l'homme de la rue croit que ce qu'il perçoit la plupart du temps forme une *catégorie* particulière de choses (celle des « objets matériels ») ni qu'il reconnaisse tout autre type de cas où il « se trompe »[1]. Examinons, à présent, ce qu'on dit des philosophes.

On dit que les philosophes « ne sont pas pour la plupart prêts à admettre que des objets tels que les porte-plume ou les cigarettes sont jamais directement perçus ».

Or, bien entendu, ce qui nous arrête court ici, c'est le mot « directement », mot en grande prédilection chez les philosophes, mais qui est, en vérité, un des traîtres les plus perfides que le langage dissimule.

Nous avons ici, en fait, le cas typique d'un mot qui a déjà un emploi très particulier, un mot dont le sens a été peu à peu étendu

---

1. Je ne nie pas que des cas où des choses tournent de travers puissent être regroupés sous un seul nom. Un nom unique pourrait être assez innocent en soi, pourvu que l'on ne considère pas que son emploi implique *a*) que tous les cas étaient semblables, ni *b*) qu'ils étaient tous semblables sous certains aspects. Ce qui importe, c'est de ne pas préjuger des faits, ce qui reviendrait à les négliger.

sans précaution ni définition, ni limite aucune, jusqu'à ce qu'il devienne d'abord peut-être obscurément métaphorique, mais finalement dépourvu de signification. On ne peut pas abuser de la langue ordinaire sans en payer le prix [1].

1. D'abord, il est très important de comprendre que c'est l'idée de percevoir indirectement qui porte la culotte. «Directement» reçoit tout le sens qu'il possède du contraste avec son opposé [2], tandis que le mot «indirectement» lui-même *a)* a un emploi seulement dans des cas spéciaux et aussi *b)* a des emplois différents selon les circonstances – quoique cela ne signifie pas, bien entendu, qu'il n'existe pas de bonnes raisons d'employer le même mot. Nous pourrions, par exemple, opposer l'homme qui a vu la procession directement à l'homme qui l'a vue *à travers un périscope*. Ou nous pourrions opposer l'endroit d'où on peut observer la porte directement avec l'endroit d'où on ne peut la voir que *dans un miroir*. *Peut-être* pouvons-nous opposer le fait de vous voir directement au fait de voir, mettons votre silhouette sur un store. Et *peut-être* pouvons-nous opposer le fait d'entendre de la musique directement avec le fait de l'entendre retransmise de l'extérieur

1. Surtout si l'on fait un abus de langage sans s'en rendre compte. Songez aux difficultés créées par l'extension inconsciente du mot «signe», extension qui peut conduire – apparemment – à la conclusion que lorsque le fromage est sous nos yeux nous voyons des *signes* de fromage.

2. Comparez, à cet égard, les mots «réel», «vrai» (*proper*), «libre» et beaucoup d'autres. «C'est réel». Que voulez-vous exactement exclure par là? «Je voudrais que nous ayons un vrai tapis d'escalier» (de quoi vous plaignez-vous au sujet de celui que vous avez déjà? Qu'il est un tapis «pas comme il faut» (*improper*)? «Est-il libre»? (Que pensez-vous qu'il puisse être sinon? En prison? Ligoté en prison? ou simplement qu'il a un engagement fixé antérieurement).

de la salle de concert. Cependant, ces deux derniers cas suggèrent deux autres points.

2. Le premier de ces points est que l'idée de ne pas percevoir « directement » semble être plus à sa place là où, comme c'est le cas dans les exemples du périscope ou du miroir, il y a l'idée d'une *déflexion*. Pour percevoir indirectement, une condition *sine qua non* semble être que nous ne regardions pas la chose *tout droit*. Pour cette raison, le cas où l'on voit votre silhouette sur un store est un exemple douteux. Et le fait de vous voir, par exemple à travers des lunettes ou avec des jumelles, n'est certainement pas du tout un cas où je vous vois *indirectement*. Pour décrire de telles situations, nous avons à notre disposition des contrastes tout à fait distincts et des expressions différentes : « à l'œil nu » à l'opposé de « avec un télescope », « sans aide visuelle » à l'opposé de « à l'aide de lunettes ». (Ces expressions, en fait, sont beaucoup plus profondément enracinées dans l'usage courant que ne l'est le mot « directement »).

3. L'autre point est que, en partie sans doute pour les raisons avancées plus haut, l'idée de perception indirecte n'est pas, naturellement, à sa place avec d'autres sens que la vue. Dans le cas des autres sens, il n'y a pas d'équivalent exact de « la ligne de vision ». Le sens le plus naturel de l'expression « entendre indirectement » est, bien entendu, le sens où l'on dit qu'un message nous a été *transmis* par un intermédiaire, ce qui est tout autre chose. Mais, lorsque j'entends l'écho d'un cri, est-ce que je l'entends indirectement ? Si je vous touche avec une gaffe, est-ce que je vous touche indirectement ? Ou, si vous m'offrez un chat dans un sac, peut-être pourrais-je sentir le chat indirectement *à travers* le sac ? Quant à ce que « humer » indirectement pourrait signifier, je n'en ai pas la

moindre idée. Rien que pour cette raison, il semble y avoir quelque chose de foncièrement erroné dans la question « Percevons-nous les choses directement ou non ? » lorsque percevoir est évidemment censé s'appliquer indistinctement *à chacun* des cinq sens.

4. Mais c'est pour d'autres raisons également qu'il est extrêmement difficile de dire avec certitude jusqu'à quel point l'idée de percevoir indirectement pourrait, ou devrait, être étendue. Doit-elle ou devrait-elle inclure, par exemple, la communication par téléphone ? ou la télévision ? ou le radar ? Sommes-nous trop éloignés, dans ces cas, de la métaphore d'origine ? Ces cas remplissent, à tout le moins, ce qui semble être une condition nécessaire, notamment l'existence simultanée et la variation concomitante, comme celles qui existent entre ce qu'on perçoit carrément (les bruits dans le récepteur de téléphone [ou la radio], l'image à la télévision ou les taches indicatrices [*blips*] sur l'écran d'un radar) et les candidats à ce que nous serions peut-être prêts à décrire comme étant « indirectement perçu ». Et cette condition nécessaire exclut assez clairement des « perceptions indirectes » le fait de voir des photos qui conservent, d'une manière statique, les scènes du passé ou le fait de voir des films (qui, tout en n'étant pas statiques, ne sont pas vus au moment même où se produisent les événements enregistrés). Certes, *il y a* une frontière à tracer quelque part. Il est certain, par exemple, que nous ne devrions pas être prêts à parler de *perception* indirecte dans tous les cas où nous voyons quelque chose d'où l'on peut déduire l'existence ou l'apparition d'autre chose. Nous ne devrions pas dire que nous voyons des canons indirectement, si nous ne voyons que les éclats de feu dans le lointain.

5. Un tout autre point maintenant. Si nous devions être sérieusement enclins à parler de quelque chose comme étant

indirectement perçu, il me semble, en tout cas, que cela doit être un genre de chose que (parfois, au moins) nous percevons tout court, ou que d'autres personnes que nous pourraient percevoir, ou qui, comme c'est le cas, par exemple, pour la partie arrière de notre tête, pourrait être perçu par autrui. Car, autrement, nous ne voudrions pas dire que nous percevons la chose *du tout*, même indirectement. Sans doute des complications surgissent-elles sur ce point à cause de l'existence du microscope électronique, sujet sur lequel je ne connais que peu de chose – ou même rien du tout. Mais il semble clair que, en général, nous voudrions distinguer le fait de voir indirectement, par exemple, dans un miroir, ce que nous aurions pu tout simplement *voir*, et le fait de voir des signes (ou des effets), comme dans une chambre de Wilson, de quelque chose qui ne peut pas en soi être perçu autrement. Il ne serait pas naturel, pour ne pas dire plus, de parler de perception indirecte dans ce dernier cas.

6. Et puis un dernier point. Pour des raisons qui ne sont guère obscures, nous préférons toujours dans la pratique ce qu'on peut appeler l'expression *« qui a une valeur marchande »* à la métaphore de « l'indirect ». Si je disais que je vois des bateaux ennemis indirectement, on se demanderait simplement ce que je veux dire. Je pourrais répondre : Je veux dire que je vois ces taches (*blips*) sur l'écran du radar. On me dira alors : « Eh bien, pourquoi n'avez-vous pas dit *cela*? ». (Comparez : « Je vois un canard irréel ». Que diable voulez-vous dire ? « C'est un canard leurre ». « Ah, je vois, mais pourquoi ne l'avez-vous pas dit tout de suite ? »).

Ainsi, il y a rarement, si jamais il y en a, une raison spéciale quelconque de dire « indirectement » (ou « irréel »). Ces mots peuvent s'appliquer à trop de cas différents pour être le mot juste dans un cas particulier.

Ainsi, il est clair que l'emploi que font les philosophes de « percevoir directement », quel qu'il puisse être, n'est pas d'usage ordinaire et n'appartient à aucun usage familier; car, dans *cet* usage, il n'est pas seulement faux, mais tout simplement absurde de dire que des objets tels que des porte-plumes, ou des cigarettes, ne sont jamais directement perçus. Mais on ne nous donne ni explication ni définition de ce nouvel emploi [1]. Au contraire, il est présenté, au prix d'une manœuvre captieuse, comme quelque chose qui nous est déjà tout à fait familier. Il est clair également que l'usage que font les philosophes de ces expressions, quel qu'il soit, ne respecte pas certains critères cités plus haut. Aucune restriction de cet usage, ni à des cas ou circonstances spéciales quelconques, ni à l'un des cinq sens ne semble envisagée par les philosophes et, qui plus est, il semble que ce qu'on dit que nous percevons indirectement n'est jamais perçu directement – et n'est pas le genre de choses qui pourrait l'être.

Tout ceci rend plus piquante la question que pose Ayer lui-même quelques lignes plus bas que le passage que nous avons commenté : « Pourquoi ne pouvons-nous pas dire que nous sommes directement conscients des choses matérielles ? ». La réponse, dit-il, est fournie « par ce qu'on appelle l'argument de l'illusion ». C'est cet argument que nous devons maintenant examiner. La réponse nous aidera peut-être à comprendre la question.

---

1. Ayer s'avise de cela plutôt tardivement (*Foundations*, p. 60-61).

CHAPITRE III

Le but principal de l'argument de l'illusion est de persuader les gens d'accepter les données sensibles comme fournissant la réponse juste et exacte à la question : « Qu'est-ce qu'on perçoit dans certaines circonstances anormales et exceptionnelles ? ». Mais, en vérité, l'argument de l'illusion est habituellement suivi d'un autre argument destiné à établir qu'ils perçoivent toujours des *sense-data*. Eh bien, quel est cet argument ?

Dans l'énoncé que Ayer en donne [1], il se présente comme suit. Il est « fondé sur le fait que les choses matérielles peuvent présenter des apparences différentes à des observateurs différents ou au même observateur dans des conditions différentes, et que le caractère de ces apparences est, dans une certaine mesure, déterminé causalement par les circonstances et l'état de l'observateur ».

Pour illustrer ce prétendu fait de la perception, Ayer invoque plusieurs exemples : la perspective (« une pièce de monnaie qui a l'aspect d'une pièce circulaire vue sous un certain angle peut avoir un aspect elliptique sous un autre angle de vision »), la réfraction (« un bâton qui normalement paraît droit a l'aspect d'un bâton

1. Ayer, *op. cit.*, p. 3-5.

tordu, si on le voit dans l'eau »), les modifications dans la vision des couleurs produites par des drogues (telles que la mescaline), les images dans un miroir, la vision double, les hallucinations, les variations apparentes dans le goût, les variations de la sensibilité thermique « selon que la main qui sent est elle-même chaude ou froide », les variations de la perception tactile des volumes (« une pièce de monnaie semble plus grande si on la place sur la langue que si on la tenait dans le creux de la main ») et le fait fréquemment cité que « les gens qui ont subi l'amputation d'un membre peuvent continuer à éprouver des douleurs dans ce membre ». Ayer choisit alors trois de ces exemples pour les traiter en détail. *D'abord* la réfraction – le bâton qui normalement « paraît droit », mais qui « a l'aspect d'un bâton tordu » – lorsqu'il est vu dans l'eau. Il « postule » *a)* que le bâton *ne change pas vraiment de forme* lorsqu'il est enfoncé dans l'eau, et *b)* qu'il *ne peut pas être* et tordu et droit [1].

Il conclut alors que « au moins une des « *apparences visuelles* » du bâton est *trompeuse* ». Néanmoins, même lorsque ce que nous voyons n'est pas « *la qualité réelle* » d'un « *objet matériel* », on suppose que nous voyons quand même quelque chose et que ce quelque chose doit être nommé une « donnée sensible ». Une donnée sensible (*sense-datum*) doit être conçue comme « l'objet dont nous sommes *directement* conscients dans la perception, si elle n'est pas une *partie* d'une *chose matérielle* ». (Les italiques

---

1. Il n'est pas seulement étrange, mais important aussi, qu'Ayer appelle ceux-ci des présuppositions (*assumptions*). Plus tard, il envisagera sérieusement l'idée de nier au moins l'une de ces présuppositions. Ce qu'il pourrait à peine faire s'il leur avait reconnu le caractère de faits simples et incontestables qu'ils méritent.

sont de moi [1] aussi tout au long de ce paragraphe et des paragraphes qui suivent).

Viennent ensuite les mirages. Un homme qui voit un mirage, dit Ayer, « ne perçoit aucune chose matérielle, car l'oasis qu'il croit voir *n'existe point* ». Mais, « son expérience n'est *pas* une expérience de rien du tout » ; ainsi, « on dit qu'il appréhende des données sensibles qui sont semblables par leurs caractères à ce qu'il appréhenderait s'il voyait une oasis réelle, mais qui sont trompeuses (*delusive*) en ce sens que *la chose matérielle qu'elles paraissent présenter n'est pas là en réalité* ».

Et, finalement, les *réflexions*. Lorsque je me regarde dans une glace, « mon corps *semble être* à quelque distance derrière la glace » ; mais il ne peut pas se trouver en deux endroits à la fois, ainsi donc mes perceptions dans ce cas « ne peuvent pas toutes être *véridiques* ». Mais je vois pourtant *quelque chose*, et si « il n'y a vraiment aucune chose matérielle, telle que mon corps là où celui-ci semble être, qu'est-ce que je vois ? ». La réponse est : une donnée sensible. Ayer termine en disant que « on peut arriver à la même conclusion en prenant n'importe lequel de mes exemples ».

Or je voudrais attirer votre attention d'abord sur le nom de cet argument – « l'argument de l'*illusion* » – et sur le fait qu'il est présenté comme établissant la conclusion que quelques-unes de nos perceptions au moins sont *trompeuses* (*delusive*). Car cette conclusion comporte deux implications très claires : *a*) que tous les cas cités dans l'argument sont des cas d'illusions et *b*) que illusion et *illusion trompeuse* (*delusive*), c'est la même chose. Mais chacune

---

1. Dans l'ensemble de l'ouvrage, ces remarques concernant les italiques sont de Warnock lui-même [N.d.T.].

de ces deux implications est, bien entendu, tout à fait erronée et il n'est pas du tout superflu de le signaler car, comme nous le verrons, l'argument exploite une confusion sur ce point précis.

Quels seraient alors des exemples authentiques d'illusions? (C'est un fait que presque aucun des exemples cités par Ayer n'est un cas d'illusion, si l'on ne force pas les choses). D'abord, il y a quelques cas tout à fait clairs d'*illusions d'optique*, par exemple le cas, que nous avons déjà cité plus haut, des deux lignes de longueurs égales dont l'une est placée de manière à paraître plus longue que l'autre. Puis, encore, il y a les illusions produites par les « illusionnistes » professionnels, les prestidigitateurs, par exemple, le numéro de la Femme sans tête (sur la scène du music-hall), laquelle est présentée de manière à ce qu'elle apparaisse sans tête, ou la poupée du ventriloque qu'on fait paraître dotée de la faculté de parler. Plutôt différent de ces exemples est le cas – qui d'habitude n'est pas produit à dessein – où des roues tournant rapidement dans une direction peuvent paraître tourner lentement dans la direction opposée.

Les illusions trompeuses (*delusive*), au contraire, sont tout autre chose. Des cas typiques seraient le délire de la persécution, la folie des grandeurs. Ce sont là, pour la plupart, des cas de déséquilibre grave dans les croyances et par suite, pour cette raison, probablement aussi dans le comportement et qui n'ont peut-être rien à voir avec la perception[1]. Mais je crois qu'on peut dire aussi que le patient qui voit des rats roses souffre d'illusions trompeuses (*delu-*

---

1. Ceci vaut aussi, bien entendu, pour *certains* usages d'« *illusion* »; il y a les illusions dont on dit que certaines personnes les perdent en prenant de l'âge et de la sagesse.

sive), surtout, sans doute, si, comme cela est probablement le cas, il n'est pas tout à fait conscient que ces rats ne sont pas des rats réels [1].

Ici, les plus importantes différences sont que l'expression « une illusion » (dans un contexte perceptuel) ne suggère pas que quelque chose de totalement irréel soit *produit par un tour de passe-passe*. Au contraire, il n'y a qu'un arrangement de lignes, de flèches sur la page, une femme sur la scène avec la tête dans un sac noir, des roues tournant; tandis que le terme « illusion trompeuse » (*delusion*) suggère vraiment quelque chose de totalement *irréel*, quelque chose qui n'est pas là du tout. (Les convictions de l'homme qui souffre du délire de persécution peuvent être *totalement* sans fondement). Pour cette raison, les illusions trompeuses sont des choses beaucoup plus graves que les illusions. Il y a, dans le cas des illusions trompeuses, quelque chose qui est radicalement détraqué et, qui plus est, détraqué *chez* la personne qui y est sujette.

Mais lorsque je vois une illusion d'optique, si réussie qu'elle soit, il n'y a rien de détraqué dans mes facultés. Cette illusion n'est pas un trait singulier ou idiosyncrasique (petit ou grand) qui m'est propre, elle est tout à fait publique [2], n'importe qui peut la voir et, dans pas mal de cas, on peut avoir recours à des procédés classiques pour la produire. En outre, si nous voulons ne pas nous y laisser prendre, nous devons simplement être *sur nos gardes*. Mais il ne sert à rien de dire à quelqu'un qui souffre d'illusion trompeuse

---

1. *Cf.* le lapin blanc dans la pièce de théâtre Harvey.

2. L'opposition d'Austin entre « illusion privée » et « illusion publique » s'éclaire si on la replace dans le contexte de la célèbre controverse concernant le point de savoir s'il peut exister un langage *privé* ou si, au contraire, le langage est nécessairement *public*. *Cf.* le symposium d'Ayer et Rhees, « Can there be a private language? », *Proc. Arist. Soc.*, supp. t. XXVIII, 1954 [N.d.T.].

(*delusion*) d'être sur ses gardes. Ce dont il a besoin, c'est d'être guéri.

Pourquoi avons-nous tendance – si nous l'avons – à confondre les illusions avec les illusions trompeuses ? Eh bien, c'est en partie sans doute parce que les termes sont souvent employés avec un certain laxisme (*loosely*). Mais c'est également parce que les gens peuvent – sans le dire explicitement – avoir des points de vue différents ou des théories opposées sur les faits en cause dans certains des cas examinés. Prenons, par exemple, le cas de vision d'un fantôme. En général, on ne sait pas, ou on ne s'accorde pas, sur ce que peut *être* le fait de voir un fantôme. Certains assimilent le fait de voir des fantômes à une situation où quelque chose est construit de toutes pièces, peut-être par le système nerveux détraqué de la personne sujette à ces visions. Selon cette interprétation, voir un fantôme est un cas d'illusion trompeuse (*delusion*). Mais d'autres pensent que ce qu'on appelle « voir un fantôme » se réduit au fait d'être abusé, peut-être par les ombres, ou par des effets de réflexion optique ou par un trucage de la lumière, c'est-à-dire qu'ils assimilent ce cas à un cas d'illusion. De cette façon, « voir un fantôme » peut recevoir tantôt l'étiquette d'« illusion », tantôt celle d'« illusion trompeuse », et le fait qu'il n'est pas indifférent d'user d'une étiquette plutôt que de l'autre peut passer inaperçu. Des différences doctrinales assez semblables apparaissent en rapport avec la manière de concevoir ce que sont les mirages. D'aucuns semblent estimer qu'un mirage est une vision évoquée par le cerveau détraqué du voyageur assoiffé et épuisé (*illusion trompeuse*) tandis que, selon d'autres explications, le mirage est un cas de réfraction atmosphérique, par lequel quelque chose, qui est sous l'horizon, paraît être au-dessus de celui-ci (*illusion*). (Ayer, comme vous

vous en souvenez peut-être, opte pour l'assimilation des mirages à des illusions trompeuses, bien qu'il les cite avec d'autres exemples, comme étant des cas d'illusion. Il dit, non que l'oasis paraît être là où elle n'est pas, mais carrément qu'« elle n'existe pas »).

La manière dont l'« argument de l'illusion » exploite l'indistinction entre les illusions et les illusions trompeuses (*delusions*) est, je pense, celle-ci. Aussi longtemps qu'on soutient que les cas étalés devant nous sont des cas d'*illusion*, on implique (en raison de l'usage habituel du mot) qu'il y a vraiment là quelque chose que nous percevons. Mais lorsque, ensuite, ces cas étudiés sont discrètement appelés trompeurs, une suggestion très différente s'insinue, à savoir la suggestion que quelque chose est produit de toutes pièces par un tour de passe-passe et que ce quelque chose est irréel ou en tout cas « immatériel ». Ces deux implications réunies suggèrent insidieusement que, dans les cas cités, il y a vraiment quelque chose que nous percevons, mais que cette chose est une chose immatérielle. Et cette insinuation, même si elle n'est pas en elle-même concluante, est certainement bien calculée pour nous pousser un peu plus vers la position que le théoricien des données sensibles veut nous faire admettre. En voilà assez – quoiqu'on pourrait certainement en dire bien davantage – sur les différences qui séparent les illusions des illusions trompeuses et sur les raisons de ne pas obscurcir cette distinction.

Regardons maintenant brièvement quelques-uns des autres cas énumérés par Ayer. Les réflexions par exemple. Sans doute peut-on produire des illusions avec des miroirs disposés de façon appropriée. Mais est-ce *n'importe quel* cas de vision dans un miroir qui est une illusion, comme Ayer le donne à entendre ? Évidemment pas. Car voir des choses dans des miroirs est un épisode parfaitement *normal* de notre vie perceptive et tout à fait familier, et d'habitude on ne se demande pas si quelqu'un est abusé dans ces circonstances. Sans doute un très jeune enfant ou un aborigène qui ne s'est jamais trouvé en présence d'un miroir peut être intrigué et même troublé d'une façon évidente. Mais est-ce là une raison pour que le reste des mortels soient obligés de parler d'illusion dans ce cas ? Et il en va exactement de même pour le phénomène de la perspective. Ici, de nouveau, on *peut* jouer des tours avec la perspective, mais, au sens ordinaire, il n'est pas question d'illusion. Qu'une pièce de monnaie circulaire ait « l'aspect elliptique » (dans un sens) est, de certains points de vue, exactement ce à quoi on s'attend, et ce qu'on trouve normalement. En effet, nous serions très sérieusement déconcertés si jamais nous découvrions que cela n'est pas le cas. Ou, encore, les réfractions. Le bâton qui semble tordu dans l'eau est un cas beaucoup trop familier pour être proprement appelé un cas d'illusion. Nous serions peut-être disposés à admettre que le bâton a l'air tordu ; mais alors nous voyons qu'il est partiellement submergé, en sorte qu'il se présente exactement comme nous nous attendons qu'il le fasse.

Il importe ici de se rendre compte de la mesure dans laquelle la familiarité émousse pour ainsi dire l'illusion. Le cinéma est-il un cas d'illusion ? Eh bien, il n'est pas tout à fait impossible que la première personne qui vit des images animées ait incliné à dire qu'il s'agissait là d'un cas d'illusion. Mais, en fait, il est passablement invraisemblable que même cette personne, même momentanément, ait été vraiment abusée, et aujourd'hui la chose est une composante si familière de notre vie qu'il ne nous vient pas à l'esprit de poser la question. On pourrait tout aussi bien demander si le fait de produire une photographie revient à produire une « illusion » – ce qui serait tout simplement idiot.

Puis nous ne devons pas perdre de vue, dans toute cette discussion sur les illusions et les illusions trompeuses, qu'il y a bon nombre de cas plus ou moins insolites que nous n'avons pas encore mentionnés, et qu'ils ne sont certainement ni l'un ni l'autre.

Supposons qu'un correcteur d'épreuves fasse une erreur – par exemple, qu'il ne remarque pas que ce qui devait être imprimé « *causal* » a été imprimé « *casual* ». Est-il est victime d'une illusion trompeuse ? Ou se trouve-t-il en face d'une illusion ? Il ne s'agit ni de l'une ni de l'autre, évidemment. Le correcteur a tout simplement *mal lu*. Voir des images consécutives[1] aussi. Ce n'est pas un épisode particulièrement fréquent, ni non plus un simple cas normal de vision, mais ce n'est ni un cas de vision d'une illusion, ni un cas d'illusion trompeuse. Et qu'en est-il des rêves ? Le rêveur voit-il des illusions ? Souffre-t-il d'illusions trompeuses ? Ni l'un, ni l'autre. Les rêves sont des *rêves*.

Voyons un peu ce que Price a à nous dire au sujet des illusions. Il avance[2], en guise d'explication de ce que le terme « illusion » signifie, la « définition provisoire » suivante : « Une donnée sensible illusoire de la vue ou du toucher est une donnée sensible telle que nous avons tendance à la prendre pour une partie de la surface

---

1. Images consécutives (*Nach-Bild*) : Après stimulation de l'œil par une plage lumineuse, il réapparaît dans l'obscurité après un bref intervalle une image de cette plage… Après un second intervalle, l'image naît une seconde fois avec coloration complémentaire si la plage était colorée (H. Piéron, *Vocabulaire de la philosophie*, Paris, PUF, 1957, p. 176) [N.d.T.].

2. *Perception*, p. 27.

d'un objet matériel, mais que, si nous suivons cette sollicitation, nous avons tort ».

Évidemment, ce que cette affirmation elle-même signifie n'est pas clair du tout ; mais il semble, néanmoins, que cette définition ne s'ajuste pas vraiment à tous les cas d'illusion. Considérons une fois de plus les deux lignes de Müller-Lyer. Y a-t-il ici quelque chose que nous ayons tendance à prendre, à tort, pour une partie de la surface d'un objet matériel ? Il ne semble pas. Nous voyons tout simplement les deux lignes, nous ne pensons pas, et nous n'avons même pas tendance à penser, que nous voyons autre chose. Nous ne posons même pas la question de savoir si quelque chose est ou n'est pas une « partie de la surface » de… – de quoi après tout ? des lignes ? de la page ? La seule chose troublante, c'est qu'une ligne a l'air d'être (*looks*) plus longue que l'autre bien qu'elle ne le soit pas en fait.

Et assurément, dans le cas de la femme sans tête, on ne se demande pas si quelque chose est ou n'est pas une partie de la surface de son corps. La seule chose troublante est qu'elle semble ne pas avoir de tête. Il est à remarquer, bien entendu, que, avant qu'il ne commence même à considérer « l'argument de l'illusion », Price avait déjà incorporé à sa définition l'idée que dans de tels cas il y a quelque chose à voir *en plus* des choses ordinaires, ce qui fait partie de ce que l'argument est normalement utilisé à *prouver*, et spécialement accepté comme *prouvant*.

Mais cette idée n'a assurément pas de place dans une tentative pour expliquer ce que le mot « illusion » signifie. Cette idée réapparaît, à mauvais escient je pense, dans son explication de la perspective, qu'il cite, lui aussi, soit dit en passant, comme étant une variété d'illusion – « Un flanc de coteau éloigné qui a beaucoup de protubérances et qui a une très légère déclivité paraîtra plat et vertical… Cela signifie que la donnée sensible, la surface colorée que nous percevons, *est* en vérité plate et verticale ».

Mais pourquoi devrions-nous accepter cette interprétation des faits ? Pourquoi devrions-nous dire qu'il y a *quoi que ce soit* que nous voyons qui *est* plat et vertical, tout en n'étant pas une « partie de la surface » d'un objet matériel ?

Si on parle ainsi, c'est pour assimiler tous les cas de cette sorte à des cas d'illusion trompeuse, où il existe quelque chose qui ne fait pas « partie de quelque objet matériel ». Mais nous avons déjà montré le caractère indésirable de cette assimilation.

Maintenant, examinons l'exposé que Ayer lui-même fait de quelques-uns, au moins, des cas qu'il cite (pour être équitable, on doit se souvenir que Ayer, lui-même, émet quelques réserves personnelles très substantielles à propos des mérites et de l'efficacité de « l'argument de l'illusion », de sorte qu'il n'est pas facile de dire exactement dans quelle mesure il entend que nous prenions au sérieux son exposé sur la matière. Mais nous y reviendrons).

D'abord, prenons le cas familier du bâton dans l'eau. De ce cas, Ayer dit : *a*) que puisque le bâton a l'air tordu, mais est en fait droit, « l'une au moins des apparences visuelles du bâton est trompeuse (*delusive*) ; et *b*) que « ce que nous voyons [directement en tout cas] n'est pas une qualité réelle de [quelques lignes plus loin « ne fait pas partie de »] une chose matérielle ». Eh bien alors, le bâton semble-t-il d'emblée tordu ? Je crois que nous pouvons admettre que c'est le cas. Nous n'avons pas de meilleure façon de le décrire, mais évidemment il ne ressemble *pas exactement* à un bâton tordu, c'est-à-dire à un bâton tordu qui n'est pas dans l'eau – tout ce qu'on peut dire, c'est qu'il ressemble plutôt à un bâton tordu, qui est partiellement immergé *dans* l'eau. Nous ne pouvons pas, après tout, nous empêcher de voir l'eau dans laquelle le bâton se trouve immergé. Qu'est-ce donc exactement qui est censé être *trompeur* (*delusive*) dans ce cas? Qu'y a-t-il d'incorrect, qu'y a-t-il de surprenant, même si peu que ce soit, dans l'idée qu'un bâton peut être droit tout en paraissant tordu de temps à autre? Y a-t-il des gens pour supposer que, si une chose est droite, elle doit toujours en avoir l'air, en tout temps et en toutes circonstances? Personne, évidemment, ne supposerait sérieusement une chose pareille. Alors, où donc est l'embarras dans lequel nous sommes censés nous trouver ici? Où est la difficulté? Car, après tout, on a suggéré qu'une telle difficulté existe, une difficulté qui, par ailleurs, réclame une solution assez radicale, c'est-à-dire l'introduction des données sensibles. Mais quel est le problème que nous sommes invités à résoudre de cette façon? Eh bien, on nous dit que dans ce cas-là nous voyons *quelque chose*; et, ce quelque chose, qu'est-il « s'il n'est pas une partie d'une chose matérielle »? Mais cette question est parfaitement délirante. La partie rectiligne du bâton, la partie qui n'est pas sous l'eau, on peut présumer qu'elle est une partie d'une chose matérielle. Ne le voyons-nous donc pas? Et qu'en est-il de la partie qui est *sous* l'eau? Nous la voyons aussi. Si l'on veut, nous pouvons voir l'eau elle-même. En fait, ce que nous voyons, c'est un bâton *partiellement immergé dans l'eau*, et il est vraiment extraordinaire que ceci puisse être mis en question – qu'une question puisse être posée au sujet de *ce que* nous voyons – puisque ceci est, après tout, simplement la description de la situation dont nous sommes partis. C'est-à-dire qu'on était d'accord, dès le commencement de l'argument, pour dire qu'on regardait un bâton, « une chose matérielle », dont une partie était sous l'eau. Si, pour prendre un cas un peu différent, une église était camouflée avec ruse pour ressembler à une grange, comment pourrait-on sérieusement poser une question à propos de ce qu'on voit lorsqu'on la regarde? Nous voyons, bien entendu, une *église* qui maintenant *ressemble* à une *grange*. Nous *ne* voyons ni une grange immatérielle, ni une église immatérielle, ni quoi que ce soit d'immatériel. Et qu'est-ce qui, dans ce cas, pourrait sérieusement nous inciter à dire que nous le faisons? Notez, en passant, que dans la description que Ayer donne du cas du bâton dans l'eau, qui est censée être antérieure à la dérivation de conclusions philosophiques, l'expression importante «apparence visuelle» a déjà été introduite, sans être annoncée, et il sera, bien entendu, suggéré finalement que *tout* ce que nous voyons, lorsque nous voyons, c'est une apparence visuelle (quelle qu'elle soit).

Considérons ensuite le cas de mon reflet dans un miroir. Mon corps, dit Ayer, «paraît être à quelque distance derrière la glace», mais comme il est devant elle, il ne peut pas réellement être derrière. Alors, qu'est-ce que je vois? Une donnée sensible. Que penser de cela? Eh bien, encore une fois, bien qu'il n'y ait rien à redire à l'énoncé que mon corps «paraît être à quelque distance derrière le miroir», en disant cela nous devons nous souvenir de quelle sorte de situation nous traitons. Mon corps ne «paraît» pas «être là» d'une manière telle que je puisse être tenté (comme pourrait l'être peut-être un bébé ou un sauvage) d'aller voir derrière la glace pour le chercher, et être surpris que cette entreprise avorte. (Dire que A est dans B ne signifie pas toujours que si vous ouvriez B vous trouveriez A. De même que dire que A est sur B ne signifie pas toujours que vous pourriez l'enlever. Considérez les phrases : «J'ai vu mon visage dans la glace», «J'ai une douleur dans l'orteil». «Je l'ai entendu à la radio», «J'ai vu l'image sur l'écran», etc. Voir quelque chose dans un miroir n'est pas la même chose que voir une brioche dans une vitrine). Mais s'ensuit-il que, puisque mon corps n'est pas vraiment situé derrière le miroir, ce n'est pas une chose matérielle que je vois? De toute évidence, non. D'abord, je peux voir le miroir (presque toujours en tout cas). Je peux voir mon propre corps «indirectement». C'est-à-dire dans le miroir. Je peux aussi voir le reflet de mon propre corps, ou, comme d'aucuns le diraient, une image de miroir de celui-ci. Et une image de miroir (si on choisit cette réponse) n'est pas une «donnée sensible» (un *sense-datum*). Elle peut être photographiée, vue par un nombre quelconque de personnes, etc.

Naturellement, il n'est question ici ni d'«illusion», ni d'«illusion trompeuse» (*delusion*) – et si on insiste pour savoir ce *qui est* en fait à quelque distance, cinq pieds mettons, derrière le miroir, la réponse est, non pas «une donnée sensible» (*sense-datum*), mais une région contiguë de la chambre.

Il est significatif que le cas du mirage – au moins si nous admettons, comme Ayer le fait, que l'oasis que le voyageur pense voir n'existe pas – est un cas qui se prête mieux au traitement qui lui est réservé. Car ici nous supposons que l'homme est vraiment abusé ou qu'il souffre authentiquement d'hallucinations et qu'il *n'est pas* «en train de voir une chose matérielle»[1]. Nous ne sommes pourtant pas obligés de dire, même dans ce cas-ci, qu'il «appréhende des données sensibles», car, quoique, comme Ayer

---

1. Même pas «indirectement», rien de cette sorte n'est «présenté». Et ne semble-t-il pas que ceci rende le cas beaucoup moins utile pour le philosophe, en dépit du fait qu'il est plus facile à traiter? Il est difficile de voir comment des cas normaux pourraient être *vraiment assimilés* à ceci.

le dit plus haut, « il est commode de donner un nom » à ce qu'appréhende le voyageur dans le désert, le fait est, cependant, que l'objet appréhendé a déjà un nom : un *mirage*. En outre, il serait prudent de ne pas accepter trop précipitamment l'affirmation que « ce qu'il appréhende a *le même caractère* » que ce qu'il appréhenderait s'il voyait une véritable oasis ». Car est-il vraiment plausible, en effet, que cela soit bien similaire ? Et, anticipant quelque peu, si nous concédions ce point, nous trouverions cette concession utilisée contre nous un peu plus tard, notamment au moment où nous serons invités à acquiescer à l'affirmation que nous voyons toujours des données sensibles, même dans les cas normaux.

CHAPITRE IV

Nous examinerons, en temps utile, l'« évaluation », donnée par Ayer lui-même, de l'*argument de l'illusion*, nous verrons ce que, selon lui, cet argument prouve et pourquoi. Mais, dans l'immédiat, je voudrais attirer l'attention sur un autre trait de sa façon d'exposer cet argument – un trait qui, en fait, semble commun à la présentation qu'en donnent la plupart des philosophes.

Au cours de la présentation des cas sur lesquels l'argument se fonde, Ayer semble user très librement des expressions « avoir l'air » (*look*), « (ap)paraître » (*appear*), « sembler » (*seem*) – comme le font la plupart des autres philosophes. Il n'attache guère d'importance à la question de savoir quelle expression est utilisée et dans quelles circonstances. En vérité, la vitesse avec laquelle Ayer prend son envol philosophique donne à penser que ces expressions sont interchangeables et qu'il n'y a guère matière à choisir entre elles. Mais ce n'est pas le cas. Les expressions en cause ont en fait des emplois *tout à fait* différents et le fait que l'on utilise celle-ci plutôt que celle-là importe souvent *beaucoup*. Pas toujours, il est vrai – il y a des cas, comme nous le verrons, où employer l'une ou l'autre de ces expressions revient pratiquement au même, il y a des contextes où elles sont réellement plus ou moins interchangeables. Mais ce serait tout simplement une erreur de conclure que, parce que de tels cas existent, il n'y a aucune différence particulière entre les emplois variés de ces mots. Il y en a une cependant et il existe une foule de contextes et de constructions qui le montrent [1].

La seule chose à faire ici, pour éviter des assimilations qui fourvoient, c'est de considérer de nombreux exemples de ces expressions, jusqu'à ce qu'enfin leurs différences nous deviennent sensibles.

Prenons, ici, pour commencer « *looks* ». Ici, nous avons au moins les genres de cas et de constructions suivants :

1. *a)* Ceci a l'air bleu (rond, anguleux, etc.) (*it looks blue*).

   b) Il a l'air d'un gentleman (d'un clochard, d'un sportif, d'un anglais typique).

   Elle *a* un air chic. (Elle *a* l'air d'un épouvantail, d'une caricature).

Ici, le verbe est directement suivi d'un adjectif ou d'une phrase adjectivale.

2. *a)* Cela ressemble à du bleu (*it looks like blue*).

   Ceci ressemble à une flûte.

   b) Il ressemble à un gentleman (à un marin, à un cheval).

Ici, nous avons « ressembler à » (*look like*) (*cf.* « sonne comme », a la même résonance que) suivi par un nom.

---

1. Comparez les expressions « droit » (*right*), « devrait » (*ought*), « devoir » (*duty*), « obligation » morale (*obligation*). Ici aussi, il y a des contextes dans lesquels *n'importe lequel* de ces mots pourrait être utilisé, mais il y a de grandes et importantes différences tout de même dans l'usage de chacun d'eux. Et ici aussi il s'agit de différences généralement négligées par les philosophes.

3. *a)* On dirait qu'il va pleuvoir (que c'est vide, creux) (*it looks as if it is raining*).

 b) On dirait qu'il a soixante ans.

 On dirait qu'il va s'évanouir.

4. *a)* On dirait bien qu'on ne va pas pouvoir entrer.

 b) On dirait qu'il est tracassé.

Essayons maintenant avec « *appears* » :

1. *a)* Il paraît bleu. (Il paraît être à l'envers dans ce sens-là, allongé, etc.) (*it appears blue*).

 b) Il a l'apparence d'un gentleman.

2. *a)* Cela a la même apparence que le bleu.

 b) Il a la même apparence qu'un gentleman.

Il est très douteux, cependant, que cette construction avec « *appears* » soit réellement défendable ; elle a, pour moi, une résonance très suspecte.

3. (et 4.) *a)* Les apparences sont ce qu'elles seraient si (*it appears as if*).

 b) Il a l'apparence qu'il aurait si.

5. *a)* Il paraît se dilater (*it appears to expand*).

 Il semble que ce soit un faux.

 b) Il semble l'aimer (avoir retrouvé son sang-froid).

 Il ressemble à un Égyptien.

6. *a)* Il apparaît comme un point sombre à l'horizon (*it appears as…*).

 b) Il apparaît sous les dehors d'un honnête homme (au travers de ce récit). Nous pouvons dire aussi d'un acteur qu'il apparut dans le rôle de Napoléon.

7. Il apparaît qu'on les a toutes mangées (*it appears that…*).

Remarquez notamment qu'ici nous avons des constructions notamment (5-7) qui *ne* se rencontrent *pas* avec « *looks* »[1]. Celles-ci constituent, à certains égards, les cas les plus importants à examiner.

Du verbe « sembler » nous pouvons dire brièvement qu'il partage les constructions du verbe « paraître » – quoique les doutes qui avaient surgi quant à savoir si (2) n'est pas un usage impropre, sont ici atténués (« cela ressemble au bon vieux temps », « ça ressemble à un cauchemar »). Une *exception* est à signaler et constitue une divergence importante entre les deux verbes : « sembler » n'admet aucune construction analogue à (6).

Maintenant, comment détecterons-nous les différences entre ces divers mots dans ces constructions variées ? Eh bien, une différence en tout cas saute aux yeux : « a l'air » (*looks*) est, pour dire les choses *grosso modo*, limité à la sphère générale de la *vision*, tandis que l'emploi de « apparaît » (*appears*) ou de « semble » (*seems*) *ne* requiert ni n'implique l'usage d'aucun des cinq sens en particulier[2]. Aussi existe-t-il un certain nombre de mots analogues à « *looks* » (ressemble à / a l'air de), à savoir « sonne comme », « à l'odeur de », « a le goût de », « offre l'impression tactile », qui,

1. Peut-être quelques-unes apparaissent-elles dans la langue quotidienne. Eh bien, si elles le font, elles le font. Mais la langue quotidienne est souvent un peu *relâchée*, et nous savons – ou quelques-uns d'entre nous savent – quand il en est ainsi. Ce n'est pas le cas évidemment lorsque nous ne connaissons pas très bien la langue, ou si nous sommes de toute façon insensibles à ces choses.

2. Sans doute usons-nous assez souvent de « a l'aspect » là où nous ne voulons pas dire, simplement et littéralement, « paraît à l'œil » ; assez naturellement, cependant, car nous étendons l'emploi de « voir » exactement de la même manière.

chacun, réalise (d'assez près) pour son sens particulier exactement ce que « a l'air » fait pour le sens de la vue.

Mais nous devons nous mettre en quête, évidemment, des différences les plus subtiles ; et ici nous devons examiner quelques exemples de plus, nous demandant dans quelles circonstances exactement nous emploierons tel mot, et pourquoi.

Considérons donc :

1. Il a l'air d'être coupable.

2. Il apparaît coupable.

3. Il semble coupable.

Nous prendrions le premier de ces propos simplement pour un commentaire sur les *airs* de l'intéressé – il a l'aspect d'un homme coupable[1]. Le second, je suggère, serait typiquement employé en rapport avec certaines *circonstances spéciales*. « Je suis tout à fait d'accord que lorsqu'il ment en réponse à toutes ces questions (embarrassantes) sur ce qu'il a fait de cet argent, il paraît coupable, mais la plupart du temps son comportement (pas seulement "son aspect") est l'innocence même ». Et le troisième, assez clairement, fait une référence implicite à certains *témoignages* (*evidence*) – témoignages qui ont une incidence sur la question de savoir s'il *est coupable*, quoiqu'ils ne soient pas de nature à trancher la question définitivement – « Sur la foi des témoignages que nous avons entendus jusqu'ici, il est vrai qu'il semble coupable ».

Considérez également : 1) « La colline a l'air raide » – elle a l'air d'une colline à pente abrupte ; 2) « la colline paraît abrupte » –

---

1. Notez la différence entre « ne pas aimer ses airs » (dans le sens de sa façon de regarder) et « ne pas aimer son apparence » (vestimentaire) (sa mine), et notez que nous pouvons désirer « sauver les apparences (la façade) » pour plusieurs raisons, l'*une* d'elles pouvant être justement « pour l'allure extérieure ».

quand vous la regardez d'ici en bas ; 3) « la colline semble abrupte » – à en juger par le fait que nous eûmes à changer de vitesse deux fois. Également :

1. « Elle a l'air *chic* » – l'expression coule de source.

2. « Elle semble *chic* » – d'après ces photographies, d'après ce que vous m'en avez dit.

3. « Elle paraît *chic* » – (Il y a en fait quelque chose de très suspect dans cette locution, mais *peut-être* « paraît-elle chic » dans des cercles peu sophistiqués, provinciaux).

Manifestement donc, même sans entrer dans beaucoup de détails, les idées de base qui sous-tendent les usages de « *looks* » (avoir l'air), « *appears* » (paraître), et « *seems* » (sembler) ne sont pas les mêmes ; et très souvent, lorsque nous pourrions employer un terme, nous ne pourrions pas employer l'autre. Un homme qui semble coupable peut fort bien ne pas avoir l'air coupable. Cependant, il est assez facile de voir que, dans des contextes appropriés, ces deux usages peuvent se rapprocher très fortement l'un de l'autre ; par exemple, le fait que quelqu'un ait l'air malade peut *être*, en même temps, l'indice par lequel nous pourrions justifier l'affirmation qu'il semble malade, ou nos remarques sur l'air d'une chose peuvent *constituer* un commentaire sur la manière dont cette chose apparaît lorsqu'elle est vue dans des circonstances particulières. Mais naturellement ce ne sera pas le cas ni lorsque la manière dont quelque chose se présente extérieurement est un indice totalement insuffisant (il serait imprudent (*rash*) de dire que ses bijoux semblaient être authentiques simplement parce qu'ils avaient l'air authentiques), ni lorsque la manière dont quelque chose a l'air est tout à fait concluante (que doit-elle faire de plus pour avoir *du chic* que d'avoir *un air chic* ?) ; *ou* d'ailleurs, lorsque la question de savoir si quelque chose possède réellement la propriété qu'on lui attribue est hors de propos («il ressemble à son père» – mais personne ne va dire qu'il semble *être* son père). En outre, il y a certains cas spéciaux dans lesquels la façon dont quelque chose se présente à la vue (ou au toucher…) est soit tout ce que nous pouvons arriver à connaître là-dessus, étant donnée la nature de la chose, soit tout ce qu'il nous intéresse de savoir; nous ne nous préoccupons pas normalement de faire une distinction entre «le soleil donne une sensation de chaleur» et «le soleil est chaud», «le ciel est bleu» et «le ciel a l'air bleu».

Nous dirons «semble» en général lorsque nous avons quelques indices, mais non des indices concluants et cela entraîne que l'emploi de «semble» est compatible avec l'emploi de «il se peut qu'il soit» et «il se peut qu'il ne soit pas»: «il se peut qu'il soit coupable. En tout cas, il semble l'être», «il semble certainement être coupable, mais il se peut qu'il ne le soit pas». Le verbe «semble» *peut* également figurer conjointement avec «est» ou «n'est pas»; mais d'habitude ceci va de pair avec un déplacement dans les interprétations des témoignages auxquels il est fait allusion implicitement. Si je disais: «Il semble certainement coupable, mais il ne l'est pas», normalement cela ne signifierait pas que le témoignage qui semble l'accabler, et celui qui établit son innocence, sont un seul et même témoignage. Ce que cela signifierait, c'est que tandis que, mettons, le prévenu semble coupable à la lumière des indices présentés *jusqu'ici* (ou publiquement accessibles), il existe (ou je possède) un *surcroît* d'information qui prouve qu'il ne l'est pas. Évidemment, je *pourrais* affirmer ou nier sa culpabilité au mépris de tous les témoignages qui existent; mais cela n'est pas et ne pourrait pas être le cas normal.

La construction « ressembler à » (*seems like*), cependant, appelle un traitement spécial. Son rôle semble être de communiquer l'*impression générale* faite par quelque chose ; et quoique cette construction se rapproche parfois de très près de « semble être » (« cela ressemble à, ou semble être, une recherche sérieuse »), il arrive aussi fréquemment qu'elle ne le fasse pas. C'est-à-dire que l'impression générale *peut* être prise comme indice, mais souvent ne le sera pas. La phrase « Les trois jours suivants ressemblèrent à un long cauchemar » ne veut pas dire qu'ils semblèrent *être* un cauchemar réel, ni que j'inclinai à penser qu'ils le *furent*. Tout ce que l'expression signifie, si tant est qu'elle signifie quelque chose, c'est que c'est à un cauchemar que ces trois jours ressemblaient. Dans un pareil contexte, il n'y a guère à choisir entre « semble » et « est ».

Il n'y a évidemment aucune réponse *générale* à la question de savoir comment « a l'air de » ou « ressemble à » est relié à « est » ; cela dépend de l'ensemble des circonstances de chaque cas particulier. De toute évidence, si je dis que l'essence ressemble à de l'eau, je commente simplement l'aspect visuel sous lequel l'essence se présente. Je ne suis nullement tenté, je ne donne nullement à entendre, que l'essence que je vois est – pourrait *être* – de l'eau. La même chose vaut pour « le son produit par une flûte à bec ressemble à celui d'une flûte ordinaire ». Mais « ceci ressemble à de l'eau » (« ceci sonne comme une flûte ») peut être un tout autre cas que le précédent ; si je ne sais pas déjà ce que « ceci » est, alors il est possible que je prenne le fait que la substance ressemble à de l'eau comme motif de croire que c'*est* de l'eau. Mais il se peut aussi que je ne le fasse pas. En disant, « ceci sonne comme une flûte », tout ce que je *dis*, c'est que le son a un certain caractère. Cela peut être ou ne pas être le cas et cela peut être ou ne pas être entendu et compris comme un indice nous renseignant sur la nature de l'instrument, en d'autres termes sur la nature de ce *qui* produit le son. La façon dont ce propos est entendu et pris dépend de faits additionnels concernant les circonstances de l'énonciation ; les mots eux-mêmes n'impliquent rien, ni dans un sens ni dans l'autre.

Il y a des différences d'une autre sorte dans les manières dont « ressemble à » peut être entendu et compris. Assis sur les sièges du fond au sommet du stade, nous sommes sur le point d'assister à un match de football dans lequel l'une des équipes est japonaise. L'une des équipes pénètre dans l'arène. Je pourrais dire :

1. « Ils ressemblent à des fourmis » ; ou :
2. « Ils ressemblent à des Européens ».

Or il est assez clair que, en disant (1), je ne veux *pas* dire ni que j'incline à penser que des fourmis sont arrivées sur le terrain, ni que les joueurs, à l'examen, se révéleraient exactement semblables ou même qu'ils ressemblent plutôt à des fourmis (je puis savoir parfaitement et même être en mesure de voir, par exemple, qu'ils n'ont pas une taille en sablier). Ce que je veux dire, c'est, bien sûr, que les gens observés à cette très grande distance ressemblent (plutôt) à des fourmis observées à la distance d'où on les voit normalement – c'est-à-dire à environ six pieds. Tandis qu'en disant (2), je puis vouloir dire que l'équipe qui prend maintenant possession du terrain est composée d'Européens, ou au moins, qu'à s'en tenir à leur aspect visuel, on les prendrait pour tels, ou je puis vouloir dire que (quoique je sache que cette équipe est japonaise) les joueurs, à ma grande surprise peut-être, ressemblent à des Européens, évoquent des Européens. Comparez « la lune ne paraît pas plus grande qu'une pièce de six pence » : évidemment, elle a l'apparence d'une chose qui n'est pas plus grande qu'une pièce de six pence, ou de paraître comme une pièce de six pence paraîtrait si elle était aussi éloignée de nous que la lune ; elle a l'air d'une pièce de six pence que vous regarderiez en la tenant à bout de bras.

Quelques-unes de ces complications peuvent être imputées à, ou au moins localisées dans, le mot « semblable » lui-même, et *pas* spécialement dans l'expression « a l'air semblable à » ou « paraît comme ». Considérez « ce nuage est comme un cheval » et « cet animal est comme un cheval ». Dans le cas du nuage, même si nous avions dit qu'il était *exactement* comme un cheval, nous n'aurions pas voulu dire que l'on pourrait aisément le confondre avec un cheval, succomber à la tentation de le monter, etc. Mais si on dit d'un *animal* qu'il est comme un cheval, alors on pourrait, sans doute, dans certaines circonstances le confondre avec un cheval, quelqu'un pourrait songer à essayer de le monter, etc.[1]. Ici aussi, donc, il ne suffit pas d'examiner simplement les mots eux-mêmes ; on ne peut trancher la question de savoir exactement ce qu'on veut dire et ce qui peut être inféré (si quelque chose peut l'être) qu'en prenant en considération toutes les circonstances dans lesquelles les mots sont utilisés. Nous avons déjà mentionné le fait que, lorsque nous disons d'un bâton qu'il est partiellement plongé dans l'eau, qu'il « paraît tordu », nous devons nous rappeler le genre de situations auquel nous avons affaire. On ne peut certainement pas supposer que lorsque nous employons cette expression dans cette situation, nous voulons dire que le bâton ressemble réellement à, ou pourrait être confondu avec, un bâton qui est effectivement tordu.

---

1. Notez que, contrairement à ce que semblent présupposer certaines théories philosophiques, la notion d'*être* ceci ou cela doit être antérieure à celle d'être *comme* ceci ou cela. « C'est bien que cet animal soit appelé cochon, car il est vrai qu'il mange comme un cochon » – combien d'erreurs y a-t-il dans cette remarque ?

Et nous pourrions ajouter ici que les descriptions de rêves, par exemple, ne peuvent manifestement pas être considérées comme ayant exactement la même force et les implications que les mêmes mots auraient s'ils étaient employés dans la description d'expériences ordinaires de la période de veille. En fait, c'est précisément parce que nous savons tous que les rêves sont *différents* de bout en bout des expériences de la période de veille que nous pouvons employer avec sûreté des expressions ordinaires en narrant ces rêves; la particularité du contexte de rêve est suffisamment bien connue pour que personne ne soit trompé par le fait que nous en parlons en termes ordinaires.

Deux points pour terminer. D'abord, il n'est pas inutile de souligner, eu égard à ce qu'ont dit bon nombre de philosophes, que les descriptions d'apparences (*looks*) ne sont ni « incorrigibles » ni « subjectives ». Évidemment, avec des mots très familiers tels que « rouge », il est sans doute fort improbable que nous puissions faire des erreurs. (Mais qu'en est-il des cas marginaux ?) Mais quelqu'un pourrait certainement dire « Ça a l'air mauve (héliotrope) » et avoir ensuite des doutes quant à savoir si « mauve » est le mot adéquat pour la couleur que cette chose présente, *ou* (jetant un nouveau regard) si cette chose a réellement l'aspect mauve. Il n'y a certainement rien, en principe, qui soit définitif, concluant et irréfutable dans l'énoncé que tel ou tel objet a telle ou telle apparence (*looks*). Même si je dis « … a l'air (*looks*) … *pour moi maintenant* », je pourrais, pressé de questions, ou après une observation plus attentive, avoir envie de me rétracter ou au moins de rectifier mes affirmations. Exclure les autres personnes et les autres moments du temps, ce n'est pas exclure complètement l'incertitude, ou exclure chaque possibilité d'être mis au défi ou réfuté. Il est peut-être même plus clair que la manière dont les choses ont l'air est, en général, tout simplement un fait du monde, tout aussi accessible à la confirmation ou à la contestation publiques que la manière d'être des choses elles-mêmes. Je ne révèle pas un fait à propos de *moi-même*, mais à propos de l'essence, quand je dis que cette substance ressemble à l'eau.

Enfin, un dernier point concernant « semble » (*seems*). Il est significatif que nous pouvons faire précéder un jugement ou l'expression d'une opinion par les mots « à juger d'après ce dont il a l'air… » ou « à s'en *remettre aux apparences*… », mais on ne peut pas dire « juger d'après les *semblances* »[1] – aucun substantif de cette sorte n'existe. Pourquoi ? N'est-ce pas que, tandis que les airs et les apparences nous procurent des *faits* sur lesquels nous pouvons fonder un jugement, en revanche parler de la manière dont les choses semblent être, c'est déjà prononcer un jugement ? Ceci est, en fait, hautement révélateur de la fonction spéciale et particulière du verbe « sembler ».

---

1. Nous traduisons ainsi le mot archaïque *seemings* qui n'est utilisé qu'en poésie [N.d.T.].

CHAPITRE V

Je désire, à présent, reprendre l'argument philosophique tel qu'il est présenté dans les textes que nous discutons. Comme je l'ai mentionné antérieurement, l'argument de l'illusion vise, en premier lieu, à nous persuader que, dans certaines situations exceptionnelles et anormales, ce que nous percevons – directement de toute façon – est un *sense-datum* (donnée des sens) ; mais alors vient une seconde étape, au cours de laquelle nous sommes conduits à admettre que ce que nous percevons (directement) est *toujours* un *sense-datum*, même dans les cas normaux, dans les cas non exceptionnels. C'est cette seconde étape de l'argument que nous devons examiner à présent.

Ayer expose l'argument de la manière suivante[1]. Il n'y a, dit-il, « aucune différence générique intrinsèque entre nos perceptions qui nous présentent véritablement des choses matérielles et celles qui sont trompeuses. Quand je regarde un bâton droit, qui est réfracté dans l'eau et pour cette raison paraît (*appears*) tordu, mon expérience est qualitativement la même que si j'observais un bâton qui serait réellement tordu ». Si, cependant, « quand nos perceptions

1. Ayer, *op. cit.*, p. 5-9.

sont trompeuses, nous percevions toujours quelque chose qui est
génériquement différent de ce que nous percevons quand elles
sont véridiques, nous nous attendrions à ce que notre expérience
soit qualitativement différente dans les deux cas. Nous devrions
nous attendre à être en mesure de déceler, à partir du caractère
intrinsèque d'une perception, si elle est une perception de *sense-
data* ou une perception de chose matérielle. Mais ceci n'est pas
possible… ». L'exposé de ce point par Price [1] auquel Ayer renvoie,
n'est pas, en fait, parfaitement analogue au sien, car Price a déjà, en
quelque sorte, atteint la conclusion que nous sommes toujours
conscients de *sense-data* et ici il tente d'établir seulement que
nous ne pouvons distinguer les *sense-data* normaux conçus comme
« parties des surfaces des choses matérielles » des mêmes *sense-
data* anormaux, qui ne sont pas « des parties de surfaces des choses
matérielles ». Cependant, l'argument employé est fort semblable :
« Le *sense-datum* anormal d'un bâton rectiligne dressé dans l'eau
est qualitativement indiscernable du *sense-datum* normal nous
livrant un bâton tordu »; mais, « n'est-il pas incroyable que deux
entités si semblables dans toutes ces qualités doivent être si totalement différentes : que l'une doive être un constituant réel d'un
objet matériel complètement indépendant de l'esprit et de l'orga-
nisme de l'observateur, tandis que l'autre est simplement le produit
évanescent de ses processus cérébraux ? ».

Ayer et Price soutiennent, en outre, que « même dans le cas de
perceptions véridiques, nous ne sommes pas directement conscients
des choses matérielles » ou, selon Price, que nos *sense-data* ne sont
pas des parties des surfaces de choses matérielles en raison du fait
que les perceptions « véridiques et trompeuses peuvent former une

1. *Perception*, p. 31.

série continue ». Ainsi, si je m'approche graduellement d'un objet situé à une certaine distance de moi, je puis avoir pour commencer une série de perceptions qui sont trompeuses au sens où l'objet paraît d'abord plus petit qu'il n'est réellement. Supposons que cette série s'achève par une perception véridique [1]. Il s'ensuivrait que la différence de qualité entre cette perception et celle qui la précède immédiatement serait du même ordre que la différence entre n'importe laquelle des deux perceptions trompeuses qui sont contiguës dans la série… Mais « ce sont là des différences de degré et non des différences de nature ». Or ce n'est pas là ce à quoi nous devrions nous attendre, argue-t-on, si la perception véridique était une perception d'un objet d'une espèce différente, si elle était, par exemple, la perception d'une chose matérielle *par opposition* à la perception d'un *sense-datum*. Le fait que les perceptions véridiques et les perceptions trompeuses se confondent à la limite, comme le montrent ces exemples, ne prouve-t-il pas que les objets qui sont perçus dans l'un et l'autre cas sont génériquement les mêmes ? Et de cela il découlerait, s'il était admis que les perceptions trompeuses sont des perceptions de *sense-data*, que ce qui est directement appréhendé dans l'expérience est toujours un *sense-datum* et n'est jamais une chose matérielle. Comme Price le dit, « il semble vraiment extraordinaire qu'il puisse exister une différence totale de nature là où il n'y a qu'une différence infinitésimale de qualité » [2].

1. Mais à quoi revient cette supposition, demanderons-nous ? À quelle distance un objet, une balle de *cricket* par exemple « a-t-elle l'air d'avoir la taille qui est réellement la sienne » ? à six pieds ? à vingt pieds ? ».

2. Je passe sous silence un argument ultérieurement cité par Price et Ayer et qui joue sur la « dépendance causale » de nos « perceptions » à l'égard des conditions d'observation et de nos états « physiologiques et psychologiques ».

Eh bien, que ferons-nous des arguments qu'on nous soumet sous cette forme?

1. Il est très clair, pour commencer, que les termes dans lesquels l'argument est énoncé par Ayer sont grossièrement tendancieux. Price, vous vous le rappelez, ne présente pas l'argument comme une preuve de ce que nous sommes toujours conscients des *sense-data*; selon lui, cette question a déjà été tranchée et il se considère ici comme étant seulement en présence de la question de savoir si des *sense-data* font «partie des surfaces des objets matériels». Mais, dans l'exposé qu'en offre Ayer, l'argument *est* avancé à l'appui de la conclusion selon laquelle c'est toujours d'un *sense-datum* que nous sommes directement conscients dans la perception et, si c'est le cas, le fait que cette conclusion soit pratiquement assumée depuis la première phrase servant à formuler l'argument semble un défaut *assez* grave. Dans la phrase en question, Ayer emploie, et ce n'est certes pas la première fois, le terme «perceptions» (qui, soit dit en passant, n'a jamais été défini ni expliqué), et il tient pour assuré, ici et là, qu'il existe une certaine sorte d'entités dont nous sommes conscients dans absolument tous les cas – à savoir les «perceptions», qu'elles soient trompeuses ou véridiques. Mais évidemment, si l'on a déjà été induit à avaler l'idée que chaque cas, qu'il soit «trompeur», ou «véridique», nous fournit des «perceptions», alors on n'est que trop facilement convaincu que ce serait chicaner que de ne pas avaler les *sense-data* d'une manière tout aussi globale. Mais, en fait, on ne nous a pas dit ce que *sont* vraiment les «perceptions» et la supposition de leur ubiquité a été glissée dans la doctrine sans explication ou argument d'aucune sorte. Mais si on ne rendait pas disposés à concéder la thèse essentielle depuis le début ceux à qui l'argument est ostensiblement adressé, la formulation de cet argument serait-elle aussi aisée?

2. Évidemment, nous désirerons aussi protester contre la supposition apparemment innocente d'une dichotomie simple entre « les expériences véridiques et les expériences trompeuses ». Il n'y a *aucune* justification, comme nous l'avons déjà vu, au fait de grouper pêle-mêle toutes les expériences trompeuses ou toutes les expériences « véridiques ». Mais, de nouveau, l'argument pourrait-il fonctionner sans heurt sans cette supposition ?

Il serait assurément plus long à formuler – et ce serait d'autant mieux.

3. Voyons ce que l'argument dit réellement. Il commence, vous vous en souvenez, par un prétendu énoncé de fait – à savoir qu'« il n'y a pas de différence intrinsèque de nature entre nos perceptions qui sont véridiques dans leur présentation des choses matérielles et celles qui sont trompeuses » (Ayer), qu'« il n'y a pas de différence qualitative entre les *sense-data* normaux comme tels et les *sense-data* anormaux comme tels » (Price). Maintenant, écartant autant que possible les obscurités et les objections nombreuses que soulève cette manière de parler, demandons-nous si ce qui est allégué ici est vrai en fait. Est-il vrai que les « expériences trompeuses et véridiques » ne sont pas « qualitativement différentes » ? Eh bien, il me semble en tout cas assez extraordinaire de faire une affirmation aussi désinvolte. Considérez quelques exemples. Je puis avoir l'expérience (nommée « trompeuse » je présume) de rêver que je suis présenté au Pape. Pourrait-on suggérer sérieusement que le fait d'avoir ce rêve est « qualitativement indiscernable » du fait d'être *présenté effectivement* au Pape ? Bien évidemment non. Après tout, nous disposons de l'expression « caractère onirique ». Certaines expériences de la veille sont dites posséder ce caractère et certains artistes ou écrivains tentent occasionnellement d'en imprégner

leurs œuvres, d'habitude avec un maigre succès. Mais, manifestement, si le fait allégué ici *était* vraiment un fait, l'expression serait parfaitement dépourvue de sens, parce qu'applicable à n'importe quoi. Si les rêves n'étaient pas « qualitativement » différents des expériences de veille, alors *chaque* expérience de veille serait comme un rêve ; dans cette hypothèse, le caractère onirique serait non pas difficile à saisir, mais au contraire impossible à éviter[1]. Il est vrai, je le répète, que les rêves sont *racontés* dans les mêmes termes que les expériences de veille : ces termes, après tout, sont les meilleurs dont nous disposions, mais il serait terriblement erroné d'en conclure que ce qui est raconté dans les deux cas est *exactement semblable*. Quand nous recevons un coup sur la tête, nous disons parfois que nous « voyons des étoiles », mais, malgré cela, voir des étoiles quand vous recevez un coup sur la tête *n'est pas* « qualitativement » indiscernable de voir des étoiles quand vous regardez le ciel.

En outre, il n'est tout simplement pas vrai de dire que le fait de voir une image consécutive vert vif sur le fond constitué par un mur blanc est exactement semblable à l'expérience de voir une tache vert vif qui est effectivement sur le mur ; ou que la vue d'un mur blanc à travers des lunettes bleues est exactement semblable à la vue d'un mur bleu ; ou que la vue de rats roses dans le *delirium tremens* est exactement semblable à la vue réelle de rats roses ; ou que la vue d'un bâton réfracté dans l'eau est exactement semblable à la vue d'un bâton tordu. Dans tous les cas, nous pourrions *dire* les mêmes choses (« ça paraît bleu », « ça semble plié », etc.), mais ce

---

1. Cela explique partiellement, mais pas complètement, l'absurdité qu'il y a à jouer, comme Descartes le fait, avec l'idée que toute notre expérience pourrait être un rêve.

n'est pas une raison pour nier le fait évident que ces « expériences »
sont *différentes*.

4. Par surcroît, on pourrait fort bien désirer connaître les lettres
de créance d'un curieux principe général sur lequel semblent se
fonder Ayer et Price [1], principe aux termes duquel si deux choses ne
sont pas « génériquement les mêmes », c'est-à-dire pas les mêmes
« en nature », alors elles ne peuvent pas non plus être semblables,
ou même presque semblables. S'il était vrai, dit Ayer, que de temps
à autre nous percevions des choses de deux genres différents, nous
« devrions nous attendre » à ce qu'elles fussent qualitativement
différentes. Mais pourquoi diable le devrions-nous ? – en particulier si, comme il suggère que ce serait le cas, nous ne trouvions
vraiment jamais qu'une chose pareille soit vraie. Il n'est pas facile
de traiter raisonnablement cette question en raison de l'absurdité
initiale de l'hypothèse selon laquelle nous ne percevons que *deux*
genres de choses. Mais si, par exemple, je n'avais jamais vu un
miroir, et qu'on vint me dire *a)* que dans les miroirs on voit les
choses réfléchies, et *b)* que les reflets des choses ne sont pas
« génériquement les mêmes » que les choses, y a-t-il une raison
quelconque pour que nous nous attendions immédiatement à ce
qu'il y ait une différence qualitative monstre entre le fait de voir les
choses et le fait de voir leurs reflets ? De toute évidence, non ; si
j'étais prudent, je demeurerais simplement dans l'expectative et
j'attendrais d'avoir vu à quoi ressemble la vision des reflets. Si on
me dit qu'un citron est génériquement différent d'un morceau de
savon, est-ce que je m'« attends » à ce qu'aucun morceau de savon
ne puisse ressembler à un citron ? Pourquoi le ferai-je ?

1. Ayer exprime quelques hésitations plus loin ; voir p. 12.

(Il vaut la peine de noter que Price donne ici un coup de pouce à l'argument au moyen de l'emploi audacieux d'un procédé rhétorique. Comment deux entités pourraient-elles, demande-t-il, être « qualitativement indiscernables » si l'une est un « constituant réel d'un objet matériel », tandis que l'autre est « *un produit éphémère des processus cérébraux* » ? Mais comment, en fait, sommes-nous censés être persuadés que les *sense-data* soient *jamais* des produits éphémères de processus cérébraux ? Cette description colorée convient-elle, par exemple, au reflet de mon visage dans un miroir ?).

5. Un autre principe erroné sur lequel semble reposer l'argument est celui-ci : qu'il *doit* être vrai que « les expériences trompeuses et véridiques » ne sont pas (comme telles) « qualitativement » ou « intrinsèquement discernables » – car si elles étaient discernables nous ne serions jamais « trompés ». Mais évidemment, la vérité est tout autre. Du fait que je suis parfois « illusionné », « trompé », « abusé » et que j'omets de distinguer A de B, il ne s'ensuit nullement que A et B soient mutuellement *indiscernables*. Eussé-je été plus circonspect et attentif que j'aurais peut-être remarqué la différence. Peut-être, en outre, suis-je tout simplement peu doué pour distinguer des choses de cette sorte (les millésimes, par exemple), peut-être aussi n'ai-je jamais appris à établir entre elles des discriminations, ou encore la pratique me fait-elle défaut. Comme Ayer l'observe, sans doute à bon droit, « un enfant qui n'aurait jamais appris que la réfraction est un moyen de déformer en viendrait naturellement à croire que le bâton est réellement tordu comme il le voit ». Mais comment peut-on supposer que le fait qu'un enfant mal informé ne distinguerait probablement pas entre *être réfracté* et *être tordu* justifie la thèse,

selon laquelle *il n'y a pas* de différence « qualitative » entre les deux cas ? À quelle sorte d'accueil puis-je m'attendre de la part d'un goûteur de thé professionnel si je venais à lui dire « mais il ne peut y avoir de différence entre les saveurs de ces deux marques de thé, car j'échoue régulièrement à les distinguer » ? En outre, lorsque « la vitesse de la main abuse l'œil », ce n'est pas dû au fait que ce que la main accomplit réellement est *exactement semblable* à ce que le prestidigitateur nous induit à croire qu'elle accomplit. Il est simplement *impossible* de dire ce qu'elle fait réellement. Dans ce cas, il peut être vrai que nous ne pouvons distinguer et pas seulement que nous ne distinguons pas entre les deux, mais même cela ne signifie pas que les deux cas soient exactement semblables.

Je ne désire évidemment pas nier qu'il puisse exister des cas où « les expériences trompeuses et véridiques » sont réellement « indiscernables l'une de l'autre qualitativement » ; mais je désire certainement nier : *a)* que de tels cas soient le moins du monde aussi courants que Ayer et Price semblent le supposer ; et *b)* qu'*il doive* exister de tels cas pour que nous puissions intégrer le fait indubitable que nous sommes parfois « trompés par nos sens ». Nous ne sommes pas, après tout, des êtres quasi infaillibles, qui ne peuvent être abusés que là où il est totalement impossible d'éviter l'erreur. Mais si nous sommes prêts à admettre qu'il puisse y avoir, et même qu'il y a *certains* cas pour lesquels « les perceptions trompeuses et véridiques » sont réellement indiscernables, l'adhésion à cette thèse exige-t-elle que nous fassions entrer de force ou même laissions entrer ces *sense-data* ? Non. Car, même si nous *devions* souscrire à la première présupposition (ce que nous n'avons jusqu'ici trouvé aucune raison de faire) que dans les cas « anormaux » nous percevons des *sense-data*, nous ne serions pas obligés d'étendre cela aux cas « normaux » également. Pourquoi diable *ne* pourrait-il *pas* se faire que, dans quelques cas peu nombreux, percevoir une sorte de chose soit exactement semblable à en percevoir une autre sorte ?

6. Il faut affronter une autre difficulté générale lorsqu'on évalue la force de cet argument, difficulté sur laquelle nous avons glissé jusqu'ici (*imitant* en cela les auteurs des textes que nous discutons). La question que Ayer nous invite à considérer, c'est la question de savoir si deux classes de « perceptions », la véridique et la trompeuse, sont ou non « qualitativement différentes », « intrinsèquement différentes en genre » ; mais comment sommes-nous censés commencer seulement l'examen de pareille question, alors qu'on ne nous dit pas ce qu'est « une perception » ? En particulier, combien de circonstances caractérisant une situation et mentionnées ordinairement pour décrire celle-ci, faut-il inclure dans la « perception » ? Par exemple, pour revenir au cas du bâton dans l'eau : c'est un aspect de ce cas qu'une partie du bâton est sous l'eau et que l'eau, évidemment, n'est pas invisible ; est-ce que l'eau, dès lors, fait partie de la perception ? Il est difficile de concevoir aucune base permettant de le nier ; mais si elle en fait partie, il s'agit assurément là d'un aspect parfaitement clair sur lequel « la perception » en cause diffère de, et est discernable de la « perception » que nous avons lorsque nous regardons un bâton tordu qui *n*'est *pas* dans l'eau. Il y a peut-être un sens où la présence ou l'absence de l'eau n'est pas la *chose principale* dans ce cas – on présume, en effet, que nous nous interrogeons en premier lieu sur le bâton. Mais, en fait, comme une grande quantité de recherches psychologiques l'a montré, la discrimination entre une chose et une autre dépend fréquemment de telles circonstances concomitantes, plus ou moins étrangères à la *chose* principale, même lorsqu'on ne les a pas

consciemment enregistrées. Comme je l'ai dit, on ne nous *informe* pas sur ce qu'est « la perception ». Or une explication défendable, si une telle explication nous était offerte, pourrait-elle exclure totalement toutes ces circonstances concomitantes *hautement* significatives ? Et si elles *étaient* exclues – d'une manière plus ou moins arbitraire – quel intérêt ou importance s'attacheraient encore à la thèse selon laquelle les perceptions « trompeuses » et « véridiques » sont mutuellement indiscernables ? Inévitablement, si vous écartez les aspects sous lesquels A et B diffèrent, vous devez vous attendre à vous retrouver en présence des aspects sous lesquels ils sont semblables.

Je conclus donc que cette partie de l'argument philosophique nécessite (mais pas aussi essentiellement chaque fois) *a*) l'acceptation d'une dichotomie fictive de toutes les « perceptions » en deux groupes, le groupe des « perceptions trompeuses » et celui des perceptions « véridiques » – pour ne rien dire de l'introduction inexpliquée des « perceptions » elles-mêmes ; *b*) une exagération implicite et grotesque de la fréquence des « perceptions illusoires » ; *c*) une autre exagération grotesque de la ressemblance entre les perceptions « trompeuses » et les perceptions « véridiques » ; *d*) la suggestion erronée qu'il *doit* exister une telle ressemblance ou même une *identité* qualitative ; *e*) l'acceptation de l'idée *plutôt* gratuite que les choses « qui diffèrent génériquement » ne pourraient pas être qualitativement semblables ; et *f*) – ce qui est réellement un corollaire de *c*) et de *a*) – la méconnaissance gratuite de ces traits plus ou moins subsidiaires qui rendent souvent possible la discrimination de situations qui, d'un point de vue très général, peuvent être plus ou moins semblables. Ce sont là, me semble-t-il, des faiblesses assez graves.

CHAPITRE VI

Certes Ayer ne souscrit pas aveuglément ni sans réserve à l'argument de l'illusion, ni aux justifications partielles de celui-ci que nous venons d'examiner. Les arguments qu'il a exposés lui-même réclament, dit-il, une « appréciation de leur valeur » et c'est cette appréciation qu'il entreprend par la suite[1]. Nous devons donc voir ce que dit Ayer.

Eh bien, tout d'abord, on observera à regret qu'il endosse sans hésiter une bonne part de ce qui, dans l'argument en question, est hautement discutable ; il avalise, en fait, toutes les erreurs réelle-ment importantes sur lesquelles l'argument repose. Ainsi, par exemple, il n'éprouve aucun malaise en face de la prétendue dichotomie opposant les « sense-data » aux « choses matérielles ». Il ressent la nécessité de défendre le type auquel appartient cette dichotomie, mais qu'elle existe ne fait pas problème à ses yeux ; il ne bronche pas lorsqu'on introduit sans explication des entités telles que les « perceptions » que l'on prétend trouver partout, ni lorsqu'on procède ultérieurement à une division bipartite qui semble sans bavure de celles-ci en deux groupes, « les perceptions

1. Ayer, *op. cit.*, p. 11-19.

véridiques » et « les perceptions trompeuses ». Il accepte, en outre, sans maugréer l'affirmation selon laquelle des membres de ces deux groupes ne sont pas « qualitativement discernables ». Sa position, en ce qui concerne les mérites de notre manière de parler ordinaire, non rectifiée et pré-philosophique, est un peu plus douteuse. Dans les pages 15-16, il semble dire que nous nous *empêtrons* réellement dans des contradictions si nous faisons certaines « suppositions » qui, assurément, sont courantes pour ne pas dire davantage, mais, p. 31, il paraît se rétracter sur ce point. Plus libéral dans ce passage, il écrit qu'il n'y a aucune contradiction à prendre, comme on le fait communément, certaines « perceptions » pour « véridiques » et d'autres pour « non véridiques ». Mais il est finalement persuadé, en tout cas, qu'indépendamment de ce que l'on pense de cette dernière question, il est « désirable » d'avoir à sa disposition « l'une ou l'autre terminologie technique ».

Si Ayer accepte donc une part si importante de ce qui est essentiel dans l'argument de l'illusion, quelles sont exactement les réserves qu'il désire formuler à son endroit ? Eh bien, la principale d'entre elles – bien connue à présent – est que la question soulevée dans cet argument n'est pas une question de *fait*, mais une question de *langage*. Ayer émet, il est vrai, des doutes quant au point de savoir si l'argument marche réellement, même lorsqu'on suppose qu'il porte sur une question de fait. Il doute, de toute façon, que l'on puisse attribuer à cet argument la capacité de démontrer qu'en fait ce sont *toujours* des *sense-data* que nous percevons, puisqu'il ne voit pas (et avec raison) pourquoi « les perceptions d'objets de types différents » *ne* devraient *pas* être « qualitativement indiscernables les unes des autres », ou « aptes à être rangées dans une série continue »[1].

Mais, en outre, il pose la question suivante : « l'argument prouve-t-il même qu'il y a *un seul* cas de perception dans lequel pareille croyance, la croyance que les objets que nous percevons directement sont des objets matériels, serait erronée » ?

Il semble assez bizarre, évidemment, de suggérer qu'un argument soit nécessaire pour prouver le caractère erroné de cette croyance. Car comment, en fait, quelqu'un pourrait-il supposer qu'il est vrai que ce qu'il perçoit est *toujours* une « chose matérielle » ? Je pense cependant que la bizarrerie de cette présupposition d'Ayer peut être masquée. Ayer est ici tout simplement tombé, je pense, dans l'un des pièges qu'ouvre sa propre terminologie. Et cela en prenant pour assuré que « percevoir des *sense-data* » ou « percevoir des choses matérielles » est la *seule alternative possible*. Ainsi, au lieu d'imputer à Ayer l'absurde attitude de sembler prendre au sérieux l'idée que nous percevons *toujours* des choses matérielles, nous pouvons lui imputer (et cette imputation est plausible) l'intention plus raisonnable de soulever la question de savoir si nous percevons *jamais* des *sense-data*. Les deux phrases : « Nous ne percevons jamais des *sense-data* » et « Nous percevons toujours des choses matérielles » ne sont, en fait, ni équivalentes, ni interchangeables. Mais il est très clair que Ayer les traite comme des affirmations interchangeables, et nous pouvons donc, en toute sécurité, admettre que la question qu'il se pose maintenant est celle-ci : « l'argument de l'illusion prouve-t-il que, dans n'importe quelle situation possible, nous percevons des *sense-data* » ?

---

1. J'omets de nouveau l'argument concernant la « dépendance causale ».

L'autre argument qu'il avance sur ce sujet n'est pas facile du tout à suivre, mais il semble procéder comme suit : 1) Nous devons admettre – il semble du moins le concéder – que parfois nous percevons « des *sense-data* qui ne sont pas des parties de choses matérielles » si, mais *seulement* si, nous sommes prêts à reconnaître que « certaines perceptions sont trompeuses ». (Évidemment, cette explication ne fera pas l'affaire, mais nous pouvons passer là-dessus pour le moment). Mais 2) *sommes*-nous *obligés* d'admettre qu'il y a des perceptions trompeuses ? On soutient que oui, l'argument étant que dans le cas contraire « nous devrions attribuer aux choses matérielles des propriétés mutuellement incompatibles, telles que le fait d'être simultanément vert et jaune, ou elliptique et rond ». Mais 3) de telles attributions, continue Ayer, ne produisent des contradictions que moyennant « certaines suppositions complémentaires », par exemple la supposition que la « forme réelle » d'un penny demeure intacte lorsque je change mon angle de vision, que la température de l'eau dans un récipient est « réellement la même » quand je la sens une première fois avec une main chaude et ensuite avec une main froide, ou qu'une oasis « n'existe pas réellement », à un certain endroit si personne, à l'exception d'un homme errant dans le désert et halluciné, ne pense qu'il en voit une. Ces « suppositions » ont l'air assez plausibles, Ayer l'accorderait sans doute, mais pourquoi n'essayerions-nous pas de les nier, pourquoi ne dirions-nous pas que les choses matérielles ont une mobilité beaucoup plus grande que celle que nous leur avons attribuée jusqu'à présent, et qu'elles sont constamment occupées à changer leurs formes réelles, leur couleur, leur température, leurs dimensions et autres caractères ? Pourquoi ne dirions-nous pas aussi qu'elles sont beaucoup plus nombreuses qu'on ne le pense communément – que, par exemple, lorsque je vous offre (ce que nous appelons d'ordinaire) *une* cigarette, il y a en réalité *deux* choses matérielles (deux *cigarettes*?), l'une que je vois et vous offre *et* l'autre *que* vous voyez et acceptez, le cas échéant? « Je ne doute pas », dit Ayer, « qu'en postulant un plus grand nombre de choses matérielles et en leur attribuant une nature plus variable et éphémère que nous ne le faisons d'habitude, il serait possible de traiter tous les autres cas de la même manière ».

De fait Ayer semble avoir raison ici – il semble même ne pas tirer tout le parti qu'il pourrait de cet argument. Si nous nous accordons des latitudes avec ce degré d'*insouciance*, assurément nous devons être en mesure – *d'une certaine manière*, évidemment – d'appliquer ce traitement à absolument n'importe quoi. Mais n'y a-t-il pas quelque chose d'erroné dans les solutions qui empruntent cette voie? Eh bien, ici, je dois citer les mots d'Ayer lui-même : « Comment un auteur qui soutient pareille position peut-il être réfuté? La réponse, c'est que, aussi longtemps que nous persistons à regarder ce problème comme un problème de fait, il nous est impossible de réfuter l'auteur en question. Car, tant qu'il n'est question que des faits, il n'y a réellement aucun différend entre nous… Là où nous disons que la forme réelle d'une pièce de monnaie est constante, notre opposant préfère dire que cette forme subit en réalité un changement selon un processus cyclique. Là où nous disons que deux observateurs sont en train de voir la même chose matérielle, il préfère dire qu'ils sont en train de voir des choses différentes qui ont, cependant, quelques propriétés de struc-ture en commun. S'il doit être ici question de vérité ou de fausseté, il faut qu'il y ait un désaccord sur la nature des faits empiriques. Or, dans le cas présent, il n'existe aucun désaccord de cette sorte ». Par conséquent, la question à laquelle l'argument de l'illusion s'efforce de fournir une réponse est une question purement *linguistique*, ce n'est pas une question de fait : elle traite, non de ce qui arrive, mais de la manière dont on parle. C'est par cette remarque que Ayer conclut son « appréciation » de l'argument.

Le commentaire principal que je désire émettre sur ces propositions assez surprenantes concerne en particulier l'idée que Ayer semble avancer ici la thèse selon laquelle les mots « réels », « réellement », « forme réelle », « couleur réelle », etc., peuvent parfaitement bien être utilisés pour signifier *tout ce que vous voulez*. Je discuterais également de ce qu'il prétend qu'ils signifient effectivement. Mais je voudrais d'abord mettre en évidence le fait hautement significatif que la manière dont Ayer « prouve » que toute cette question est purement verbale montre qu'il ne la considère pas réellement comme telle (en quoi d'ailleurs je suis convaincu qu'il a raison). Sa véritable opinion, c'est qu'*en fait* nous ne percevons que des *sense-data*. Ceci peut être constaté aisément. On pourrait, à première vue, être tenté de dire que si Ayer avait raison, alors n'importe quelle discussion philosophique sans exception serait purement verbale. Car si, lorsqu'une personne dit n'importe quoi, une autre personne peut toujours « préférer simplement dire » quelque chose d'autre, leur discussion *ne* sera *jamais* qu'une discussion sur les mots, sur la terminologie qu'il y a lieu de préférer. Mais comment, si tout le monde a toujours le droit de dire ce qui lui plaît, peut-il y avoir jamais de discussion sur la vérité ou la fausseté de *quoi que ce soit* ? Mais ici, évidemment, Ayer répond que, parfois au moins, il *existe* un réel « désaccord sur la nature des faits empiriques ». Mais quel genre de désaccord cela peut-il être ? Ce n'est pas, dit-il (aussi surprenant que cela puisse sembler), une question de fait de savoir si un penny ou quelque autre « chose matérielle » change constamment sa forme, sa couleur, ses dimensions, sa localisation – ou non. Nous pouvons dire ici ce qui nous plaît. Où alors trouvera-t-on des « faits empiriques » ? La réponse d'Ayer est parfaitement claire – les faits empiriques ce sont *les faits au sujet des sense-data*, ou, comme il dit aussi, « au sujet de la nature des apparences sensibles », « les phénomènes ». C'est là que nous rencontrons réellement le témoignage empirique. Il n'existe pas, selon lui – selon sa *véritable* opinion – d'autre « fait empirique ». *Le* fait irréfutable est le fait qu'il y a des *sense-data* ; ces entités existent réellement et sont ce qu'elles sont. De quelles autres entités nous pourrions nous soucier *de parler comme si* elles existaient, c'est là pure affaire de commodité verbale, mais « les faits auxquels ces expressions sont censées se rapporter » seraient toujours les mêmes, ce seront toujours des faits relatifs aux *sense-data*.

Il devient clair, dès lors, et cela ne nous surprendra sans doute guère, que tous les raffinements apparents de la doctrine « linguistique » d'Ayer reposent carrément sur la vieille ontologie berkeleyenne et kantienne du « divers sensible ». Ayer était depuis le début, semble-t-il, complètement convaincu par les arguments précis qu'il prétend « juger » avec tant de détachement. Et il n'y a guère de doute que ceci est dû dans une large mesure au fait qu'il accepte en bloc la manière traditionnelle et consacrée par le temps, mais désastreuse, de les exposer[1].

---

1. Ou peut-il y avoir ici matière à doute ? On pourrait aussi défendre l'interprétation, plus charitable à certains égards, selon laquelle le traitement sans façon que Ayer réserve à l'argument de l'illusion est dû au fait qu'il est déjà convaincu *pour*

C'est un fait curieux, et à certains égards plutôt attristant, que les positions respectives de Price et d'Ayer sur ce point se révèlent exactement les mêmes que les positions respectives de Locke et de Berkeley, de Hume et de Kant. Selon l'opinion de Locke, il y a des « idées » et aussi des « objets extérieurs », selon Hume il y a des « impressions » et aussi des « objets extérieurs ». Selon Price, il y a des « *sense-data* » et aussi des « occupants du monde physique ». Suivant la doctrine de Berkeley, il existe seulement des idées, selon Kant, seulement des *Vorstellungen* (les choses-en-soi ne sont pas strictement en question ici), dans la doctrine d'Ayer, il y a *seulement* des *sense-data*. Mais Berkeley, Kant et Ayer admettent tous, de surcroît, que nous pouvons *parler comme s'il* y avait des corps, des objets, des choses matérielles. Certes Berkeley et Kant ne sont pas aussi généreux que Ayer – ils ne suggèrent pas qu'aussi longtemps que nous ne faisons pas violence au divers sensible, nous pouvons parler exactement comme nous voulons ; mais, sur cette question, si je devais prendre parti, j'opinerais comme eux.

d'autres raisons des thèses que cet argument prétend prouver. Je soupçonne qu'il y a une bonne part de vérité dans ceci et j'y reviendrai.

CHAPITRE VII

Fortement intrigué par les apparitions fréquentes et incontrôlées des mots « réel, réellement, forme réelle, etc. » dans les arguments que nous avons examinés jusqu'ici, je désire, pour le moment, inspecter de plus près ce petit mot « réel ». Je me propose, si vous voulez bien, de discuter de la Nature de la Réalité – un sujet véritablement important, quoique je n'aime guère, en général, revendiquer ce titre pour un sujet.

Il y a tout d'abord deux choses qu'il est extrêmement important de comprendre au départ.

1. « Réel » est un mot absolument *normal*, il n'est pas une création de la dernière mode et il n'a rien de technique ou de hautement spécialisé. C'est-à-dire qu'il est établi déjà très solidement et employé fréquemment dans le langage ordinaire dont nous usons tous quotidiennement. Donc, *dans ce sens*, c'est un mot pourvu d'une signification bien déterminée, et on ne peut pas plus plaisanter *librement* avec lui qu'on ne peut le faire avec tout autre mot solidement installé dans l'usage. Souvent, les philosophes semblent croire qu'ils peuvent, sans autre forme de procès, « assigner » n'importe quelle signification à n'importe quel mot ; et sans

doute, dans un sens absolument banal du terme « pouvoir », ils le peuvent (comme Humpty Dumpty) [1].

Il y a bien quelques expressions, telles que l'expression « chose matérielle », que seuls les philosophes utilisent ; dans ces cas, il leur est loisible d'agir à leur guise *en restant raisonnables* ; mais la plupart des mots sont, *en fait*, déjà utilisés d'une manière particulière, et c'est là un fait qu'on ne peut simplement ignorer. (Par exemple, certaines significations qui ont été assignées aux mots « connaître » et « certain » rendent apparemment révoltant le fait que nous employions ces termes comme nous le faisons ; mais tout ce que prouve cette observation, c'est que les significations attribuées par certains philosophes sont *incorrectes*).

Certes, une fois que nous avons découvert comment un mot s'emploie effectivement, notre tâche peut ne pas être terminée pour autant ; à coup sûr, aucune raison n'impose de laisser, en général, les choses dans l'état précis où nous les avons trouvées : nous pouvons souhaiter mettre un peu d'ordre dans les faits observés, revoir la carte ici et là, tracer les frontières et les distinctions dans un ordre quelque peu différent. Néanmoins, il est à conseiller de garder toujours à l'esprit : *a)* que ces distinctions incorporées à notre stock – vaste, et en général relativement ancien – de mots ordinaires ne sont ni rares ni toujours évidentes au premier abord et qu'elles ne sont presque jamais arbitraires ; *b)* que dans n'importe quel cas, avant de céder au penchant qui nous pousse à y toucher de notre propre autorité, nous devons chercher à quoi nous avons affaire ; et *c)* que toute altération des mots limitée à ce qui, à nos

---

1. Personnage mythique qui appartient au folklore des nurseries, Humpty Dumpty est aussi un personnage d'*Alice au Pays des Merveilles* de Lewis Caroll. A. Artaud a traduit ce nom par le nom de « Dodu Mafflu ». *Cf.* la revue *Arbalète*, n°12.

yeux, se passe dans un petit coin reculé du champ est toujours *susceptible* d'entraîner des répercussions imprévues dans un territoire adjacent. L'altération, en fait, n'est pas chose aussi aisée qu'on le pense souvent. Elle n'est ni justifiée ni requise aussi fréquemment qu'on le croit d'habitude. On la juge souvent nécessaire pour la seule raison que l'on se représente mal ce qui est déjà là. Nous devons toujours nous méfier de l'habitude qu'ont les philosophes de rejeter quelques emplois ordinaires d'un mot (sinon tous) en les taxant de « négligeables ». C'est là une habitude qui rend pratiquement inévitable la déformation. Ainsi, par exemple, si nous entreprenons de parler de « réel », nous ne devons pas rejeter comme méprisables des expressions humbles, mais aussi familières que « pas une vraie crème (*real cream*) ». Cette précaution nous épargnera, par exemple, de dire ou d'avoir l'air de dire que tout ce qui n'est pas de la vraie crème doit être le sous-produit évanescent de nos processus cérébraux.

2. D'autre part, ce qu'il importe au plus haut point de saisir, c'est que « réel » *n*'est *pas* du tout un mot normal, mais, au contraire, qu'il est un mot hautement exceptionnel ; exceptionnel car, à la différence de « jaune » ou « cheval » ou « promenade », il n'a pas une *seule et unique signification* simple, spécifiable, constante. (Même Aristote a vu clair sur cette question). Le mot « réel » n'a pas davantage une vaste collection de sens différents – il n'est pas *ambigu*, pas même « systématiquement » ambigu.

Or des mots de cette espèce sont responsables d'une bonne dose de perplexité. Considérez les expressions « balle de cricket », « batte de cricket », « pavillon de cricket », « temps propice au cricket ». Une personne ignorant tout du cricket et dont l'attention se concentre de manière obsessionnelle sur l'emploi de mots normaux tels que « jaune », pourrait contempler la balle, la batte, le bâtiment, le temps et essayer de déceler « la qualité commune » que, présume-t-elle, le terme « cricket » attribue à ces choses. Mais son regard ne croise aucune qualité de cette sorte. Aussi conclura-t-elle peut-être que « cricket » doit désigner une qualité *non naturelle*, une qualité qu'on ne peut détecter de la manière habituelle, mais seulement par *intuition*. Cette histoire vous paraît-elle absurde ? Rappelez-vous ce que les philosophes ont dit du mot « bon » et dites-vous que beaucoup d'entre eux, n'arrivant pas à détecter une qualité ordinaire qui fût commune aux canards « réels », à la crème « réelle » et au progrès « réel », conclurent que la réalité devait être un concept *a priori* appréhendé par la raison seule.

Commençons donc par passer en revue, une première fois et au hasard sans doute, quelques-unes des difficultés qui entourent l'emploi du mot « réel ». Considérons, par exemple, un cas qu'on pourrait classer à première vue parmi les moins sophistiqués, le cas de l'expression « couleur réelle ». Qu'entend-on par la « couleur réelle » d'une chose ? On pourrait dire avec quelque assurance que la réponse est passablement aisée : la couleur *réelle* d'une chose est la couleur dont elle a l'air pour un observateur normal dans des conditions d'éclairage normales ou conformes à une mesure fixée. Pour découvrir la couleur réelle d'une chose, nous n'avons dès lors qu'à être normaux et à l'observer dans les conditions précitées.

Mais supposez *a)* que je vous fasse la réflexion suivante à propos d'une tierce personne : « Ce n'est pas la couleur réelle de sa chevelure ». Ai-je voulu dire par là que si vous l'observiez dans des conditions normales d'éclairage, vous trouveriez que sa chevelure n'a pas l'air de cette couleur à l'observation ? Manifestement pas, les conditions d'éclairage peuvent être normales d'emblée. Ce que j'ai voulu dire, c'est évidemment qu'elle a teint ses cheveux et il n'est pas question ici de la normalité de l'éclairage. Supposez encore que tandis que nous regardons une boule de laine dans une boutique, je m'écrie : «Ce n'est pas sa couleur réelle». Ici il se *pourrait* que je veuille dire que la boule n'aura pas l'air de cette couleur à la lumière du jour. Mais je pourrais vouloir dire que la laine n'est pas de cette couleur avant d'être teinte. Comme bien souvent, vous ne pouvez pas déterminer ce que je veux dire à partir des seuls mots que j'emploie. Il n'est pas indifférent, par exemple, de savoir si la chose dont on discute appartient ou non à une classe de choses qu'il est *courant* de teindre.

Supposez *b*) qu'il existe une espèce de poissons d'aspect intensément chatoyant, légèrement brillants peut-être, à une profondeur de mille pieds. Je vous interroge sur leur couleur réelle. Aussi pêchez-vous un specimen que vous posez sur le pont, veillant à ce que les conditions d'éclairage soient à peu près normales. Or vous découvrez que le poisson présente désormais une coloration sale tirant sur le blanc grisâtre. Eh bien, est-ce *là* sa couleur réelle ? Il est clair, en tout cas, que nous n'avons pas à le dire. En fait, y a-t-il même une réponse correcte en pareil cas ?

Comparez : «Quel est le goût réel de la saccharine ?». Nous dissolvons une tablette de celle-ci dans une tasse de thé et nous découvrons qu'elle sucre le thé ; nous goûtons alors une tablette à l'état pur et nous lui trouvons un goût amer. La saccharine est-elle *réellement* amère ou *réellement* sucrée ?

c) Quelle est la couleur réelle du ciel ? Ou du soleil, ou de la lune ? ou d'un caméléon ? Nous disons que le soleil au couchant a parfois l'air rouge. Or, quelle couleur a-t-il *réellement*? (Quelles sont les « conditions d'un éclairage normal » pour le soleil?).

d) Considérez une peinture *pointilliste* représentant une prairie. Si l'effet d'ensemble est la perception de vert, la peinture, le tableau peut être composé principalement de touches bleues et jaunes. Quelle est la couleur réelle de ce tableau?

e) Quelle est la couleur réelle d'une image consécutive? Ce qui nous embarrasse à présent, c'est que nous n'avons pas idée de ce qui pourrait s'opposer à « la couleur réelle », serait-ce sa couleur telle qu'elle apparaît, la couleur dont elle a l'air, la couleur qu'elle paraît avoir? Mais ces périphrases n'ont aucune application ici. (Vous pourriez me poser la question : « Quelle est réellement sa couleur? », si vous suspectiez que je vous ai menti à son sujet. Mais « Quelle est réellement sa couleur? » ne se confond pas avec « Quelle est sa couleur réelle? »).

Mais revenons un instant à la « forme réelle ». Cette notion surgit, vous vous en souvenez, avec l'allure d'une notion anodine quand nous examinions la pièce de monnaie dont on disait que, vue sous certains angles, elle avait l'air d'une pièce elliptique. Nous lui attribuions aussi une forme réelle constante. Mais les pièces de monnaie sont plutôt en fait des cas d'espèce. Car, d'une part, leur contour est bien défini et d'une grande stabilité et, d'autre part, elles sont pourvues d'une forme *connue et dénommable*. Mais il y a des tas de choses dont on ne peut en dire autant. Quelle est la forme réelle d'un nuage? Et si vous objectez qu'un nuage n'est pas une chose matérielle et qu'il n'est pas dès lors le genre de chose susceptible d'avoir une forme réelle, objection que j'oserai prendre à mon compte, considérez ce cas-ci : quelle est la forme réelle d'un chat? Celle-ci change-t-elle à chacun de ses mouvements? Si vous le niez, dans quelle posture diriez-vous qu'il *manifeste* sa forme réelle ? Par ailleurs, peut-on esquisser sa forme d'un trait continu et harmonieux ou doit-on la serrer de près dans le détail de manière à tenir compte de chaque poil ? De toute évidence, ces questions sont sans réponse. Aucune règle, aucune procédure ne permet de trancher. Certes, il y a des tas de formes que le chat ne prend certainement pas – la forme cylindrique par exemple. Mais c'est seulement en désespoir de cause qu'un homme s'amuserait à dégager la forme réelle du chat « par élimination ».

Comparez cela aux cas où nous savons *en fait* comment nous y prendre : Ces diamants sont-ils réels ? Est-ce un canard réel ? Des articles de joaillerie qui ressemblent de plus ou moins près à des diamants peuvent ne pas être des diamants réels parce qu'ils sont en *strass* ou en verre ; un canard peut ne pas être réel, mais être un leurre, il peut être un jouet ou encore une espèce d'oie ressemblant très fort à un canard. Enfin, il peut ne pas être un canard parce que je suis victime d'une hallucination. Tous ces cas sont évidemment très différents. Et remarquez en particulier *a*) que dans la plupart de ces cas, « l'appel à l'observation par un observateur normal dans des conditions standard » n'est nullement pertinent ; *b*) qu'une chose qui n'est pas un canard réel n'est pas non plus un canard *non existant* ou quoi que ce soit de non existant et *c*) qu'une chose existante, un jouet par exemple, peut parfaitement n'être pas réelle, par exemple n'être pas un canard réel[1].

1. « Existe » est évidemment lui-même un mot d'un maniement extrêmement délicat. C'est un verbe, mais un verbe qui ne décrit pas quelque chose que les objets font tout le temps, comme respirer, mais qui soit plus paisible que l'action de respirer – qui soit comme le fait de tourner au ralenti, mais au sens métaphysique. Il n'est que trop facile alors de se mettre à s'interroger sur ce qu'est le fait d'exister. Les Grecs

Sans doute en avons-nous dit assez pour établir qu'il y a plus dans l'usage de « réel » que ce qu'un regard superficiel y verrait.

Ce mot a des usages multiples et variés dans des contextes très divers. Nous devrons donc, dans une étape ultérieure, essayer d'y mettre un peu d'ordre, et je vais à présent répartir sous quatre rubriques ce qu'on peut appeler les traits saillants de l'usage de « réel » – tout en reconnaissant que *tous* ces traits ne sont pas également manifestes dans chacun des usages de ce mot.

1. D'abord, « réel » est un mot que nous pourrions qualifier de « terme qui ne peut pas se passer d'un substantif ». Considérez :

« Ces diamants sont réels ».
« Ce sont des diamants réels ».

Il y a une ressemblance grammaticale qui saute aux yeux entre ce couple de phrases et celui-ci :

« Ces diamants sont roses ».
« Ce sont des diamants roses ».

Mais alors que nous pouvons nous *contenter* de dire de quelque chose « cela est *rose* », nous ne pouvons nous *contenter* de dire « cela est *réel* ». Il est aisé de voir pourquoi. Nous pouvons parfaitement dire d'une chose qu'elle est jaune sans la connaître, sans renvoyer à ce qu'elle *est*. Mais ce n'est pas le cas pour « réel ». Car un seul et même objet peut en même temps être un *x* réel et ne pas

étaient moins bien lotis que nous dans cette région du discours – car pour nos différentes expressions « être », « exister » et « réel », ils devaient se tirer d'affaire avec le seul mot εἶναι. Nous n'avons pas les mêmes excuses qu'eux à verser dans la confusion dans ce domaine, effectivement générateur de confusion.

être un *y* réel ; un objet ressemblant à un canard peut être un leurre réel (et pas simplement un jouet), mais n'être pas un canard réel.

Quand celui-ci n'est pas un canard réel, mais une hallucination, il peut encore être une hallucination réelle – par opposition, par exemple, à une duperie passagère imputable à un caprice de notre imagination. En d'autres termes, nous devons avoir une réponse préalable à la question « un objet réel *de quelle espèce* ? » pour que la question « est-il réel ou non ? » ait un sens défini et « tienne debout ». Et peut-être devrons-nous aussi faire allusion ici à un autre point – à savoir que la question « est-ce réel ou non ? » ne se pose pas toujours, n'est pas toujours légitime. Nous *posons* cette question seulement lorsque – pour parler sommairement – un doute nous assaille ; d'une manière ou d'une autre, les choses peuvent ne pas être ce qu'elles paraissent être ; et nous n'*avons la possibilité* de poser cette question que s'*il y a* une manière ou des manières pour les choses d'être autrement qu'elles ne paraissent. Une image consécutive peut-elle être autre chose que réelle ? Certes « réel » n'est pas le seul terme qui ne puisse pas se passer de substantif. « Le même » et « un » sont d'autres cas, sans doute mieux connus. La même *équipe* peut ne pas être la même *collection de joueurs* ; un corps de troupe peut être une *compagnie*, mais aussi trois *sections*. Que dire alors de « bon » ? Nous pouvons avoir toute une variété de vides aspirant à être complétés par des substantifs : « Un bon *quoi* ? », « Bon *à quoi* ? ». Un bon livre peut-être, mais pas un bon roman ; bon pour la taille des rosiers, mais pas quand il s'agit de réparer des voitures [1].

---

1. En grec, le cas de σοφός a une certaine importance pour notre propos, Aristote semble se heurter à des difficultés lorsqu'il essaie d'utiliser σοφία « absolument », c'est-à-dire sans spécifier le champ dans lequel σοφία est mise en application et montrée. Comparez aussi δεινότης.

2. Ensuite, « réel » est ce que nous pourrions appeler un *mot dominant* (un mot qui « porte la culotte »). On croit généralement et, j'ose ajouter, à bon droit que l'usage que l'on pourrait appeler affirmatif est l'usage primitif – que pour comprendre « *x* » nous devons savoir ce que c'est qu'être *x* ou qu'être un *x*, et que le fait de le savoir nous apprend ce que c'est que de ne pas être *x*, ou de ne pas être un *x*. En revanche, lorsqu'il s'agit de « réel » (comme nous l'avons noté plus haut), c'est l'usage *négatif* du mot qui « porte la culotte ». En d'autres termes, l'affirmation que quelque chose est réel, un réel tel ou tel, n'a un sens défini qu'à la lumière d'une manière spécifique dont ces *x* pourraient être et pourraient avoir été *non* réels. L'expression « un canard réel » ne diffère de l'expression plus simple « un canard » que dans la mesure où on l'emploie pour exclure les multiples manières dont un objet peut ne pas être un canard réel – un canard postiche, un jouet, une image, un leurre, etc. Et, en outre, je ne sais pas *exactement* comment prendre l'assertion que ceci est un canard réel, sauf si je sais *exactement* ce que le locuteur songe à exclure dans cette occasion particulière. On trouve ici la raison pour laquelle la tentative de découvrir une caractéristique commune à toutes les choses qui sont ou pourraient être appelées « réelles » est vouée à l'échec ; la fonction du qualificatif « réel » n'est pas de contribuer positivement à la caractérisation de quoi que ce soit, mais d'exclure des manières possibles pour un objet d'être *non* réel – et ces dernières sont à la fois nombreuses pour les espèces particulières de choses, et susceptibles de varier beaucoup pour des choses de genres différents. C'est la combinaison d'une fonction générale unique avec une diversité innombrable dans les applications particulières qui confère au mot « réel » le caractère, déconcertant à première vue,

d'un mot qui ne possède pas une « signification » unique, mais pas davantage une signification multiple, c'est-à-dire qui soit indemne d'ambiguïté.

3. En troisième lieu, « réel » (comme « bon ») est un mot *dimensionnel*. J'entends par là qu'il est le mot le plus général et le plus englobant au sein de tout un groupe de termes remplissant la même fonction. On peut citer, comme autres membres de ce groupe, parmi les termes affirmatifs, par exemple, « digne de ce nom », « d'origine », « vivant », « vrai », « authentique », « naturel », et du côté négatif, « artificiel », « truqué », « faux », « feint », « de fortune », « postiche », « synthétique », « jouet » ; et des noms comme « rêve », « illusion », « mirage », « hallucination » ont également leur place dans ce groupe [1]. Il faut noter ici que, comme on peut s'y attendre, les termes les moins généraux du côté des termes affirmatifs ont le mérite, dans bien des cas, de suggérer d'une manière plus ou moins nette ce qu'ils excluent ; on a tendance à les coupler avec des termes particuliers du groupe des négatifs et, de la sorte, à restreindre le champ des interprétations possibles. Si je dis que je désire que l'Université ait un théâtre digne de ce nom, mon propos suggère qu'elle n'a, pour le moment, qu'un théâtre *de fortune*. Les peintures sont authentiques par opposition à des *faux*, la soie naturelle s'oppose à la soie *artificielle*, les armes chargées avec de vraies munitions s'opposent à celles qui sont chargées *à blanc*, etc. En pratique, évidemment, nous tirons parfois de l'examen du substantif un indice nous laissant deviner de quoi il

---

1. Évidemment, il n'est pas vrai que tous les usages de tous ces mots soient du genre que nous considérons ici – bien qu'il serait prudent de ne pas supposer non plus que chacun de leurs usages soit *complètement* différent, *complètement* détaché des autres.

retourne, car nous avons fréquemment une idée préalable bien fondée des titres auxquels la chose considérée pourrait (et ne pourrait pas) être « non réelle ». Par exemple, si vous me demandez : « Est-ce que ceci est de la soie réelle ? », j'aurai tendance à ajouter « par opposition à de la soie artificielle », puisque je sais, au départ, que la soie est le genre de chose qui peut être imité de très près par un produit artificiel. Mais la notion de *soie-jouet* par exemple ne me vient pas à l'esprit[1]...

Bon nombre de questions se posent ici dans lesquelles je n'entrerai pas – et qui concernent à la fois la composition de ces familles de « mots de réalité » et de « mots de non réalité » – ainsi que les distinctions à établir entre les membres individuels de ces familles. Pourquoi, par exemple, le fait d'être un *couteau à viande digne de ce nom* est-il une manière d'être un couteau à viande réel, tandis que le fait d'être de la crème *pure* semble ne pas être une manière d'être de la crème *réelle* ? Ou pour nous exprimer autrement : en quoi la distinction entre crème réelle et crème synthétique diffère-t-elle de la distinction entre crème pure et crème falsifiée ? Est-ce juste en cela que la crème falsifiée est encore, après tout, de la *crème* ? Mais pourquoi les fausses dents sont-elles appelées « fausses » plutôt que, mettons, « artificielles » ? Pourquoi les membres artificiels sont-ils appelés artificiels, de préférence à « faux » ? Est-ce parce que les fausses dents, outre le fait qu'elles

---

1. Pourquoi pas ? Parce que la soie ne peut pas être un « jouet ». Oui, mais pourquoi ne le peut-elle pas ? Est-ce parce qu'un jouet est à strictement parler quelque chose de très petit, et qui est fait ou conçu spécialement pour être manipulé dans le jeu ? L'eau dans les bouteilles de bière qui sont des jouets n'est pas de la bière-jouet, mais de la *prétendue bière*. Est-ce qu'une montre-jouet pourrait avoir à l'intérieur d'elle-même un mécanisme d'horlogerie, et indiquer le temps correctement ? Ou cela ne serait-il qu'une montre *miniature* ?

remplissent une fonction fort semblable aux dents réelles, ont l'air, et sont destinées à *avoir trompeusement* l'air de dents réelles? Tandis que, peut-être, un membre artificiel vise à remplir le même office, mais ne cherche pas à *passer pour* un membre réel, et a d'ailleurs peu de chance de le simuler.

« Bon » est un autre mot dimensionnel qui jouit d'une grande notoriété en philosophie. Il a déjà été mentionné à une autre occasion comme étant très proche de « réel ». « Bon » est le plus général des termes énumérés dans une liste très vaste et diversifiée de mots plus spécifiques ayant en commun avec lui la fonction générale d'exprimer l'éloge, mais qui diffèrent les uns des autres par leur aptitude à figurer dans des contextes particuliers et par ce qu'ils impliquent en fonction de ces contextes. Il est remarquable, et les philosophes idéalistes à une certaine époque avaient coutume d'attribuer une grande importance à ce fait, que « réel » lui-même peut être classé dans cette famille pour certains de ses usages. « Or ceci est un réel couteau à découper ! un vrai couteau ! » peut être une manière de dire que ceci est un bon couteau[1]. Et l'on dit parfois d'un mauvais poème, par exemple, que ce n'est pas du tout un poème ; une certaine mesure de perfection doit être atteinte, en quelque sorte, pour seulement *prétendre* à une qualification donnée.

4. Enfin, « réel » appartient aussi à une vaste et importante famille de mots que nous pourrions appeler *mots ajusteurs* – ce sont des mots par l'usage desquels on ajuste d'autres mots aux exigences innombrables et imprévisibles que le monde impose au langage. La thèse soutenue ici, considérablement et même exagé-

---

1. Dans le langage familier, on trouve aussi la réciproque : « Je lui ai donné une bonne raclée » – « une raclée réelle, une vraie raclée » – « une raclée digne de ce nom ».

rément simplifiée certes, c'est qu'à un moment donné notre langage contient des mots qui nous rendent capables (plus ou moins)
de dire ce que nous voulons dire dans la plupart des situations qui
(pensons-nous) sont susceptibles de se présenter. Mais les vocabu-
laires sont finis et la variété des situations possibles auxquelles
nous pouvons être confrontés n'est ni finie ni précisément prévi-
sible. Aussi arrive-t-il fatalement que, dans la pratique, des situations se présentent pour lesquelles notre vocabulaire n'est pas
immédiatement adapté pour les traiter. Nous avons dans notre
lexique le mot « cochon », par exemple, et nous concevons assez
clairement quels animaux parmi ceux que nous rencontrons communément doivent être appelés de ce nom et quels animaux ne
doivent pas l'être. Mais voilà qu'un beau jour nous nous trouvons
en face d'un nouveau genre d'animal, qui ressemble beaucoup à un
cochon et dont le comportement est à peu de choses près celui des
cochons, mais pas totalement ; il en diffère d'une certaine manière.
Eh bien, nous pourrions tout bonnement garder le silence, ne
sachant que dire ; nous ne désirons pas dire positivement que c'*est*
un cochon, ou que *ce* n'*est* pas un cochon. Ou encore nous
pourrions inventer un mot radicalement neuf pour lui, par exemple,
si nous nous attendions à avoir besoin de désigner assez souvent ces
nouvelles créatures. Mais ce que nous pourrions faire, et ferions
sans doute en premier lieu, c'est dire : « Cet animal est *comme* un
cochon ». (« Comme » est le mot ajusteur par excellence, ou, pour
nous exprimer autrement, le moyen principal d'assouplir le lexique. Grâce à lui, nous pouvons toujours éviter, en dépit des limites
de notre vocabulaire, de rester totalement muets). Et alors, ayant dit
de cet animal qu'il est *comme* un cochon, nous pourrions poursuivre avec la remarque : « mais ce n'est pas *réellement* un

cochon ». – ou plus spécifiquement, en usant d'un terme que les naturalistes affectionnent : « ce n'est pas un *vrai* cochon ». Si nous concevons les mots comme des flèches décochées en direction du monde, la fonction de ces mots ajusteurs, c'est de nous libérer de l'incapacité où nous sommes de tirer autrement que droit devant nous ; grâce à leur usage dans certains cas, des mots tels que « cochon » peuvent être, pour ainsi dire, mis en rapport avec des cibles situées légèrement en dehors de la ligne simple et droite suivant laquelle elles sont habituellement visées. Et de cette façon nous gagnons en précision aussi bien qu'en souplesse ; car si je puis dire : « cet animal n'est pas réellement un cochon, mais il est comme un cochon », je ne suis plus tenu d'altérer la signification du mot « cochon » lui-même.

Mais la question se pose de savoir si nous *devons* posséder le mot « comme » pour atteindre ce but. Nous avons, après tout, d'autres moyens d'assouplissement lexical. Par exemple, je pourrais dire que des animaux de cette nouvelle espèce sont « porcins » ; nous pourrions peut-être les appeler « quasi-cochons », ou les décrire (dans le style des marchands de *crus suspects*) comme des créatures « du type cochon ». Mais ces expédients, sans doute excellents à leur façon, ne peuvent être regardés comme des substituts de « comme » pour la raison suivante : ils nous procurent simplement de nouvelles expressions du même niveau que le mot « cochon » lui-même et qui opèrent de la même manière que lui. Aussi, bien qu'ils puissent peut-être nous tirer d'affaire dans l'immédiat, ces expédients peuvent nous faire retomber dans le même *genre* de difficultés, à n'importe quel moment. Nous avons ce genre de vin, qui n'est pas réellement du porto, mais qui s'en rapproche d'une manière acceptable, et nous l'appelons « vin de la famille des portos ». Mais voici que quelqu'un se met à produire une nouvelle espèce de vin qui n'est pas exactement du porto, mais qui n'est pas non plus tout à fait la même chose que ce que nous appelons « vin de la famille des portos ». Que dirons-nous dans ce cas ? Est-ce du vin de la famille des familles de portos ? Il serait oiseux d'avoir à parler de la sorte ; de plus cette solution est sans avenir. Mais les choses sont telles que nous pouvons dire de ce vin qu'il est *comme* du vin de la famille des portos (et d'ailleurs plutôt comme du porto également) ; et en parlant ainsi, nous ne nous encombrons pas d'un *nouveau mot*, dont l'application peut, elle-même, se révéler problématique si les négociants en vin nous ménagent encore une nouvelle surprise. Le mot « comme » nous arme *en général* pour manier l'imprévu, ce que les nouveaux mots inventés *ad hoc* ne font pas et ne peuvent faire.

(Pourquoi dès lors avons-nous besoin de « réel » tout autant que de « comme » à titre de mot ajusteur ? Quelle est la raison exacte pour laquelle nous désirons parfois dire « il est comme un cochon », et parfois « ce n'est pas un cochon réel », « un vrai cochon » ? En répondant à ces questions de manière adéquate, on franchirait une importante étape et on aboutirait à clarifier singulièrement l'usage, la « signification » de « réel »[1]).

Il devrait donc être parfaitement clair qu'on ne peut formuler de critères *généraux* pour distinguer le réel et le non-réel. La manière dont cela doit être fait doit dépendre de *ce* par rapport à quoi le

---

1. Soit dit en passant, on ne gagne rien à dire que « réel » est un terme « *normatif* » et à laisser les choses à ce stade, car le mot « normatif » lui-même est beaucoup trop général et vague. Comment et de quelle manière le mot « réel » est-il normatif ? On peut présumer qu'il ne l'est pas juste de la même manière que « bon ». Or ce sont les différences qui importent.

problème se pose dans les cas particuliers. En outre, même pour des genres particuliers de choses, il peut y avoir de nombreuses manières différentes de faire la distinction (il n'y a pas qu'*une* manière de « ne pas être un cochon réel »). Cela dépend du nombre et de la variété des surprises et des dilemmes par lesquels la nature ou nos congénères peuvent nous prendre à l'improviste, et des surprises ou dilemmes rencontrés jusqu'ici. Et, évidemment, s'il n'y a *jamais* de dilemme ou de surprise, la question ne se pose pas, tout simplement. Si nous n'avions, tout simplement, jamais eu l'occasion de distinguer en quelque manière que ce soit une chose qui paraisse un cochon sans être un cochon *réel*, alors les mots « cochon réel » eux-mêmes n'auraient aucune connotation – de même que les mots « image consécutive réelle » n'ont peut-être pas d'application.

En outre, les critères que nous employons à un moment donné ne peuvent être considérés comme *définitifs* et inchangeables. Supposons qu'un jour une créature du genre de celles que nous appelons « chat » se mette à parler. Bon, je suppose que nous dirions pour commencer, « ce chat est capable de parler ». Mais supposez qu'alors d'autres chats, mais pas tous, se mettent également à parler ; nous devrions dans ce cas dire que certains chats parlent et distinguer les chats parlants des chats non parlants. Mais, ici encore, si la faculté de langage venait à se généraliser et si la distinction entre parlant et non parlant nous semblait réellement importante, nous pourrions en arriver à exiger d'un chat *réel* qu'il soit une créature qui peut parler. Et ceci nous donnerait une nouvelle manière pour un chat de « ne pas être un réel chat », c'est-à-dire une créature semblable à un chat, exception faite de la faculté de parler.

Évidemment – et ceci peut paraître ne pas mériter mention, mais en philosophie, il semble qu'on doive le dire – nous ne faisons la distinction entre un «*x* réel» et «pas un réel *x*» que si l'on peut faire la différence entre ce qui est un *x* réel et ce qui n'en est pas un. Une distinction que nous ne sommes pas vraiment en mesure de tracer ne mérite pas d'être faite – pour rester poli.

CHAPITRE VIII

Pour en revenir maintenant à Ayer, nous avons déjà protesté contre sa conviction apparente que le mot « réel » peut être employé comme chacun le désire, et que si certains soutiennent que la forme réelle d'un bâtiment reste la même quand on la voit sous des angles différents, on peut parfaitement « préférer dire » que sa forme réelle change constamment. Mais je désire maintenant examiner l'ultime section de ce livre, intitulée « Apparence et Réalité » [1], et dans laquelle l'auteur entreprend de nous expliquer la distinction que nous faisons dans la pratique ordinaire. Il la regarde aussi, je suppose, comme une description de nos « préférences ».

Ayer commence par distinguer les « perceptions » qui sont « qualitativement trompeuses » de celles qui sont « existentiellement trompeuses ». Dans le premier cas, nous sommes censés trouver que « les *sense-data* dotent les choses matérielles de qualités qu'elles ne possèdent pas réellement », dans le second cas, nous sommes censés découvrir que « les choses matérielles qui semblent nous être présentées par la médiation des *sense-data* n'existent point ». Cette distinction, cependant, est peu claire.

1. Ayer, *op. cit.*, p. 263-274.

C'est le moins qu'on puisse dire. L'expression « existentiellement trompeur » évoque assez naturellement à l'esprit des cas où l'on est en fait *trompé* – des cas dans lesquels on voit une oasis, mais où cette oasis « n'existe absolument pas »; et c'est ce genre de cas que Ayer a évidemment à l'esprit. L'expression « qualitativement trompeur », d'autre part, est de toute évidence censée s'appliquer à des cas où un certain objet est assurément devant nous, où aucun doute ne plane sur ce fait, mais où l'une des « qualités » de l'objet en question éveille notre suspicion – il a l'air d'un objet bleu, par exemple, mais est-il vraiment bleu ? Or Ayer semble impliquer par là que ces deux types de cas épuisent le champ des possibles. Mais le font-ils vraiment ? Supposons que je voie un canard-leurre et que je le prenne pour un canard réel; selon laquelle des deux manières décrites par Ayer ma perception peut-elle être dite trompeuse ?

Eh bien, cela n'est tout simplement pas évident. Elle peut être considérée comme « qualitativement trompeuse », par exemple, je suppose à tort que l'objet que je vois pourrait caqueter. Mais on pourrait considérer aussi que la perception est trompeuse dans le sens existentiel puisque la chose matérielle qu'elle semble présenter n'existe pas. Je pense qu'il y a un canard réel devant moi, mais en fait il n'y en a point. Ainsi la distinction initiale d'Ayer nous met-elle en présence d'une fausse alternative. Elle suggère que nous n'avons que deux cas à examiner. Dans le premier, la seule question serait de savoir si la chose que nous percevons possède réellement la « qualité » qu'elle semble posséder, et dans le second ce serait de savoir si la chose que nous semblons percevoir existe réellement. Mais dans le cas du canard-leurre, cette alternative s'effondre aussitôt et il y a bon nombre de cas semblables. Il semble que Ayer, en essayant de faire sa distinction initiale, ait été hypnotisé par le genre de cas authentiquement « trompeurs », dans lesquels on croit voir quelque chose là où il n'y a *rien* à voir en fait, et qu'il a simplement perdu de vue les cas beaucoup plus communs dans lesquels on croit voir quelque chose là où en vérité il y a quelque chose *d'autre* à voir. Il s'ensuit qu'une grande partie et probablement la plus grande partie du champ où nous traçons des distinctions entre « l'apparence et la réalité » est totalement bannie de son étude. Il discute (très brièvement d'ailleurs) le cas dans lequel quelque chose existe, ou peut être supposé exister, alors qu'en vérité il n'existe pas du tout. Il discute plus longuement le cas dans lequel quelque chose peut être supposé avoir une caractéristique qu'en fait il ne possède pas. Mais il ne mentionne tout simplement pas les cas très nombreux et variés dans lesquels quelque chose est, ou pourrait être, considéré comme étant ce qu'en fait il n'est pas – comme c'est le cas pour les bijoux de strass, par exemple, qui peuvent être pris pour des diamants réels. La distinction entre l'erreur sur les « qualités » et « l'erreur existentielle » ne s'applique proprement pas à ces cas, mais c'est *justement* là ce que l'on peut reprocher à la distinction en question. Elle divise le sujet d'une manière qui laisse beaucoup de choses au dehors [1].

Ayer considère cependant que sa principale entreprise est de « fournir une explication de l'usage du mot "réel" tel qu'il est appliqué aux caractères des choses matérielles ». La distinction tracée ici entre être « trompeur » et être « véridique », dit-il, « ne

---

1. On pourrait ajouter qu'une bonne part des cas à considérer est exclue arbitrairement par le fait que Ayer restreint sa discussion à des questions relatives aux « choses matérielles » – à moins qu'il ne puisse classer comme *choses* matérielles des *substances* telles que la soie, le verre, l'or, la crème, etc. – ce dont je doute. Et ne pourrais-je pas soulever la question : « Ceci est-il un arc-en-ciel réel ? ».

dépend pas d'une différence dans les qualités intrinsèques des *sense-data* », puisqu'un *sense-datum* de forme elliptique pourrait, après tout, nous « présenter… quelque chose qui est en réalité elliptique aussi bien que quelque chose qui est en réalité circulaire »; aussi la distinction « doit-elle dépendre d'une différence dans leurs relations », plus précisément leurs relations à d'autres *sense-data*.

On pourrait tenter, dit Ayer, de voir le *sense-datum* comme « le porteur du caractère réel de la chose matérielle en cause » en disant qu'un tel *sense-datum* est ce qui figure « dans ce qui est conventionnellement érigé en conditions préférentielles ». Toutefois, Ayer conteste ceci pour deux raisons : d'abord parce que « les conditions préférentielles ne sont pas les mêmes pour chaque sorte de chose matérielle »[1] et en second lieu, parce qu'il est assurément nécessaire d'expliquer *pourquoi* certaines conditions doivent être choisies comme « préférentielles ». Ayer présente et élabore ensuite une explication de ce genre. « Les *sense-data* privilégiés », dit-il, c'est-à-dire ceux qui nous livrent les « qualités réelles » des choses matérielles, se révèlent comme étant, dans leurs groupes respectifs, les éléments qui jouissent de la plus grande fiabilité, en ce sens qu'ils ont la plus grande valeur prédictive. Ayer ajoute, à titre de caractères méritoires, ce qu'il appelle la « permanence sensible » et la mesurabilité. Mais, ici encore, c'est en fait, pense-t-il, *la valeur prédictive* qui détermine l'attribution de réalité. Par exemple, si je suis *très* près d'un objet ou *très* loin de lui, je suis plutôt mal placé pour prédire « de quoi il aura l'air » sous d'autres angles de vision, tandis que si je le vois à une distance modérée, je puis être en mesure de dire très bien « quel aspect il aura » de plus près ou de plus loin. (La caractéristique de l'objet à laquelle on pense ici n'est

1. Il est intéressant que Ayer ressente ceci comme une objection.

pas tout à fait claire, mais il semble pourtant que, dans ce cas, c'est la forme dont l'objet a l'air). Donc, continue-t-il, nous dirons que la « forme réelle » est la forme que l'objet présente au regard à la distance la plus modérée. D'autre part, si je regarde un objet à travers des lunettes sombres, il peut être difficile de dire de quelle couleur il aura l'air lorsque je les enlèverai. De là vient que nous disons qu'au travers de verres sombres, l'objet ne montre pas sa « couleur réelle ».

Ces réponses, pourtant, ne conviendront pas en tant qu'explication *générale*, même en ce qui concerne la part, très limitée, de l'usage du mot « réel » que Ayer choisit de discuter. (Le point important est, en fait, qu'il n'*existe* précisément pas d'explication générale et que Ayer, qui en cherche une, est à la poursuite d'un feu follet). Considérez, en effet, quelques questions légitimes à propos de la couleur « réelle ». Voici *bon nombre* de cas d'un genre que Ayer n'a pas pris en considération, généralisant comme il le fait à partir d'un seul exemple. Nous en avons déjà mentionné quelques-uns. Par exemple, « ceci n'est pas la couleur réelle de ses cheveux ». Pourquoi pas ? Parce que la couleur dont ses cheveux ont l'air n'est pas une base sûre pour la prévision ? Parce que la couleur dont ses cheveux ont l'air n'est pas « manifestement différenciée » des autres constituants de mon champ sensoriel ? Non, ceci n'est pas la couleur réelle de ses cheveux parce qu'elle s'est fait *teindre*. Supposez encore que j'aie cultivé un spécimen de ce qui est normalement une fleur blanche dans un fluide vert composé de manière appropriée, en sorte que le coloris de ses pétales présente désormais une nuance vert pâle. Je dis « évidemment, ceci n'est pas sa véritable couleur ». Pourquoi dis-je cela ? Je puis, après tout, faire toutes les prévisions classiques au sujet de la manière dont mon specimen apparaîtra dans des conditions variées. Mais la raison pour laquelle je dis que le vert pâle n'est pas sa couleur réelle n'a rien à voir avec tout cela. C'est simplement que la couleur *naturelle* de cette fleur est le blanc. D'ailleurs, certains cas n'impliquant aucune manipulation artificielle sur les choses vont directement à l'encontre de la doctrine d'Ayer. Si je regarde de très près un morceau de tissu, je puis y voir un dessin entrecroisé de blanc et noir et être en mesure de prédire que, vu de plus loin, il aura l'air gris. Au contraire, si je le regarde d'une distance de plusieurs mètres, il peut avoir l'air gris et je puis ne *pas* être capable de prédire que, de tout près, il aura l'air noir et blanc. Et cependant nous pouvons dire tout de même que sa couleur est grise. Et puis que dire du *goût*? Si quelqu'un, qui n'a pas l'habitude de boire du vin, disait que le verre de vin que je lui ai offert est acide, je pourrais protester que ce vin n'est pas vraiment acide, voulant dire par là, non pas que l'idée qu'il est acide fournit une mauvaise base de prévision, mais que si mon interlocuteur savourait le vin en question d'une manière moins hostile, il se rendrait compte qu'il n'est tout simplement pas vrai que ce vin *ressemble* aux choses acides et que sa première réaction, compréhensible peut-être, n'était cependant pas appropriée.

Cependant, comme je l'ai dit, ce qu'il y a d'erroné dans l'analyse que Ayer nous offre de l'emploi du mot « réel », c'est précisément le fait qu'il essaie de fournir *une* analyse – ou deux, si nous incluons ses remarques superficielles sur les apparences « existentiellement » trompeuses. En fait, ce qu'il dit n'est pas généralement vrai, même de la « couleur réelle », et assurément son analyse ne nous est d'aucun secours pour les perles réelles (authentiques), les canards réels (véritables), la crème réelle (naturelle), les montres réelles (qui ne sont pas des jouets), les romans réels (conformes aux lois du genre) et le reste[1] – tous ces emplois de « réel » complètement perdus de vue par Ayer. La raison précise pour laquelle c'est une erreur de chercher une explication unique et tout à fait générale de l'emploi du mot « réel » a déjà été mise en évidence, je l'espère, et je ne la répéterai pas ici. Je voudrais mettre l'accent, cependant, sur les conséquences désastreuses qui se produisent en général lorsqu'on s'embarque dans l'explication de l'usage d'un mot sans prendre sérieusement en considération plus d'une mince fraction des contextes dans lesquels il est effectivement utilisé. Dans le cas présent, comme dans d'autres, Ayer semble avoir été encouragé dans son entreprise désespérée par une propension initiale à croire que le terrain peut être nettement et exhaustivement divisé en deux.

1. Nous avons marqué entre parenthèses les manières dont on pourrait se passer de « réel » dans ce contexte [N.d.T.].

CHAPITRE IX

Toute cette longue discussion sur la Nature de la Réalité fut suscitée, vous vous en souvenez, par un passage dans lequel Ayer « évalue » l'argument de l'illusion et aboutit à la conclusion que le problème qu'il soulève n'est pas vraiment un problème factuel, mais plutôt un problème linguistique. J'ai soutenu plus haut que le cheminement de sa pensée montre qu'il ne croit pas réellement à cette conclusion. Car elle repose sur la doctrine selon laquelle les « faits empiriques » réels sont toujours *en fin de compte* des faits relatifs aux « apparences [*appearances*] sensibles », tandis que les propos qui portent ostensiblement sur les « choses matérielles » doivent, au contraire, être conçus comme n'étant qu'une façon de parler. Les « faits auxquels ces expressions sont censées se rapporter » sont des faits relatifs aux « phénomènes » qui sont les seuls faits réels. Quoi qu'il en soit, la position officielle à ce stade tient dans les deux assertions suivantes : *a)* nous sommes confrontés à une question linguistique : devons-nous *dire* que les objets que nous percevons directement sont des *sense-data* ? *b)* l'argument de l'illusion ne nous a procuré aucune raison contraignante d'opter pour cette dernière opinion. Aussi Ayer passe-t-il aussitôt à l'exposé des raisons qui selon lui militent en faveur de cette manière de parler et la section[1] qu'il intitule « l'Introduction des *sense-data* » doit à présent faire l'objet d'un examen de notre part.

Il est vrai, dit Ayer, que « si nous nous imposons de parler de telle manière que dire d'un objet qu'il est perçu par la vue ou le toucher ou quelque autre sens implique l'affirmation qu'il existe réellement et que quelque chose possède réellement le caractère que l'objet paraît avoir, nous serons obligés soit de nier que des perceptions puissent être trompeuses, soit d'admettre que c'est une erreur de parler comme si les objets que nous percevons étaient toujours des choses matérielles ». Mais, en fait, nous ne sommes pas forcés d'employer les mots de cette manière. « Si je dis que je suis en train de voir un bâton à l'air tordu, je n'implique pas, par mon propos, que quelque chose est réellement tordu... ou si, victime d'une illusion de "vision double", je dis que je suis en train de percevoir deux morceaux de papier, je ne dois pas nécessaire-ment vouloir dire qu'il existe réellement deux morceaux de papier là. Mais assurément, pourrait-on répliquer, si deux morceaux de papier sont réellement perçus, ils doivent exister tous les deux dans quelque sens du terme, même si ce n'est pas avec le statut de choses matérielles. La réponse à cette objection, c'est que celle-ci repose sur un malentendu quant à son usage du mot "percevoir". Je l'emploie ici d'une manière telle que dire d'un objet qu'il est perçu n'implique pas le fait de dire qu'il existe en quelque sens que ce soit. Et c'est là un usage parfaitement correct et familier du mot ».

Mais, poursuit Ayer, « il existe aussi un usage correct et familier du mot "percevoir", dans lequel dire d'un objet qu'il est perçu entraîne bien l'implication qu'il existe ». Et si j'emploie le

---

1. Ayer, *op. cit.*, p. 19-28.

mot « dans ce sens » lorsque je décris le syndrome de la vision double, je dois dire « je pensais percevoir deux morceaux de papier, mais en réalité, je n'en percevais qu'un seul ». « Si le mot est employé dans un sens familier, on peut dire que je percevais réellement deux morceaux de papier. S'il est employé dans un autre sens, qui est également consacré par l'usage, alors on doit dire que je n'en percevais qu'un seul ». « Aucun problème ne surgit aussi longtemps que l'on garde les deux usages distincts »[1].

Pareillement, un homme peut dire « qu'il voit une étoile éloignée qui a un volume plus grand que la terre ». Il peut dire également qu'il « est en train de voir vraiment… une tache argentée qui n'est pas plus grande qu'une pièce de six pence ». Et ces propos, nous dit Ayer, ne sont pas incompatibles. Car, *en un sens* du mot « voir », « il est nécessaire que ce qui est vu existe réellement, mais il n'est pas nécessaire qu'il possède les qualités qu'il paraît posséder » – dans *ce* sens l'homme voit une énorme étoile ; mais *dans un autre sens*, « il n'est pas possible que quelque chose semble avoir des qualités qu'en réalité il ne possède pas, mais il n'est pas davantage nécessaire que ce qui est vu existe réellement » – en *ce* sens l'homme qui observe le ciel « peut dire avec vérité que ce qu'il voit n'est pas plus grand qu'une pièce de six pence ».

Mais qu'en est-il des *sense-data* ? Ils sont introduits à ce moment précis de la manière suivante. Certains philosophes peuvent décider, dit Ayer, d'« appliquer le mot "voir" ou quelque autre mot désignant des modes de perception aux expériences trompeuses

1. Price pense que le verbe « percevoir » est *ambigu*, qu'il a *deux* sens. Cf. *Perception*, p. 23. « Il est possible de percevoir ce qui n'existe pas… Mais dans un sens différent de "percevoir", et qui se rapproche du parler ordinaire, il n'est pas possible de percevoir ce qui n'existe pas ».

autant qu'aux expériences véridiques » et *aussi* d'employer ces mots (à tort peut-on penser) « de telle manière que ce qui est vu ou appréhendé par quelque autre sens doive réellement exister et doive réellement posséder les propriétés qu'il paraît avoir ». Mais alors, assez naturellement, ils découvrent qu'ils ne peuvent plus dire que « ce qui est appréhendé par les sens » est toujours une chose matérielle ; car, dans les situations « trompeuses », ou bien la chose « n'existe pas réellement » ou elle n'« a pas réellement les propriétés qu'elle paraît avoir ». Et ainsi il semble que – au lieu de repenser leur emploi du mot « voir » – ils décident de dire que « ce qui est appréhendé » dans les cas de perceptions « trompeuses », c'est un *sense-datum*. En outre, ils jugent « commode », dit Ayer, « d'étendre cet usage à tous les cas », en s'appuyant sur le vieux et familier prétexte que « les perceptions trompeuses et les perceptions véridiques » ne diffèrent pas en « qualité ». Ceci, dit Ayer, « peut être accepté raisonnablement comme règle de langage. Et ainsi on arrive à la conclusion que dans tous les cas de perception les objets dont on est directement conscient sont des *sense-data* et non des choses matérielles ». Cette procédure, dit Ayer, ne comporte « aucune découverte de fait ». Elle se ramène à une recommandation en faveur d'« un nouvel usage verbal ». Ayer est, quant à lui, disposé à faire sienne cette recommandation. « Elle n'ajoute rien en elle-même à notre connaissance des faits empiriques, elle ne nous permet pas non plus exprimer une chose qui aurait été inexprimable sans elle. Au mieux, elle nous met en mesure seulement de renvoyer (*refer*) aux faits familiers d'*une manière plus claire et* plus commode » (les italiques sont de moi).

Or une part importante et en tout cas saillante de l'argument qui mène à cette conclusion, c'est l'affirmation qu'il existe des *sens différents*, qui sont tous (ou est-ce vrai seulement de quelques-uns?) «des sens corrects et familiers» du verbe «percevoir» et d'autres verbes désignant des modes de perception[1]. Ce que cette affirmation a, au juste, à voir avec l'argument est une question que nous examinerons en temps opportun. Mais avant cela je désire examiner les fondements sur lesquels cette affirmation repose et m'interroger sur leur solidité.

Portons donc nos regards sur les exemples où ces sens différents sont censés se manifester. D'abord l'exemple éculé du bâton dans l'eau. Ayer écrit: «Si je dis que je vois un bâton qui paraît tordu, je ne sous-entends nullement que quelque chose soit réellement tordu». Ce en quoi il a parfaitement raison, mais qu'est-ce que cela prouve? L'exemple est évidemment *invoqué* pour montrer qu'il y a *un sens* de «voir» dans lequel dire que quelque chose est vu n'implique pas de dire «que cette chose existe et que quelque chose possède réellement la caractéristique que l'objet paraît avoir». Mais l'exemple ne prouve assurément pas ceci du tout. Tout ce qu'il *montre*, c'est que l'énoncé complet «je vois un bâton qui paraît tordu» n'implique pas que quelque chose soit réellement tordu. Que cela soit tel *en vertu du sens dans lequel « voir » est employé ici* est une étape de plus, pour laquelle aucune justification n'a été donnée. Et en fait, quand on y pense, cette étape supplémentaire n'est pas seulement injustifiée, mais presque

---

1. L'équité exige, je pense, que je répète ici que beaucoup d'eau a coulé sous les ponts depuis que Ayer a écrit son livre. Les doctrines relatives aux sens, présumés différents, des verbes de perception avaient été largement répandues au cours de la décennie, ou des décennies qui précèdent le moment où il écrit, et il n'est pas très surprenant qu'il les ait adoptées comme des morceaux de répertoire. Il n'y a aucun doute qu'aujourd'hui son argumentation suivrait une orientation différente.

certainement injustifiable. Car si l'on *devait* isoler une *partie* de l'*énoncé*, grâce à laquelle celui-ci n'implique pas que quelque chose soit réellement tordu, c'est assurément le bout de phrase « qui paraît tordu » qui serait le meilleur candidat. Car, quelles que soient les vues que nous professons au sujet des sens de « voir », nous savons tous que ce qui paraît tordu peut ne pas l'*être* réellement.

Le second exemple est inefficace et manque son objectif d'une manière assez semblable. Ayer écrit : « Si je dis que quelqu'un éprouve une pression sur la jambe, je n'exclus pas nécessairement la possibilité qu'il ait été amputé de sa jambe ». Mais, de nouveau, pourquoi expliquer ceci en invoquant *un sens* de « sentir » ? Pourquoi ne pas dire plutôt, par exemple, que l'expression « pression sur la jambe » peut parfois servir à exprimer ce que quelqu'un éprouve, même lorsqu'il a été amputé ? Il y a de fortes raisons de douter qu'il y ait ici un *sens* spécial même des mots « pression sur la jambe », car de toute façon les motifs de le prétendre seraient tout aussi aptes à justifier l'affirmation que nous sommes ici en face d'un sens spécial de « sentir » – et ils justifieraient bien davantage cette manière de parler.

Il est moins facile de traiter le troisième exemple, celui de la vision double. À son sujet, Ayer écrit : « Si je dis que je perçois deux morceaux de papier, je ne suis pas obligé de supposer qu'il existe réellement deux morceaux de papier ici ». Or cette affirmation n'est vraie, je pense, que moyennant quelque précision. Sans doute, si je sais que je souffre de vision double, puis-je dire « je perçois deux morceaux de papier » et en disant ces mots, *ne pas entendre par là* qu'il existe réellement deux morceaux de papier en face de moi ; mais, en dépit de cela, je pense que mon énoncé implique tout de même qu'il y en a vraiment deux, en ce sens que quelqu'un qui ne serait pas au courant des circonstances spéciales de cette expérience, supposerait naturellement et à bon droit, en entendant mon propos, que je pensais qu'il y avait là deux morceaux de papier. Nous pouvons cependant concéder qu'en disant : « Je perçois deux morceaux de papier », je puis ne pas *vouloir dire* – puisque je puis savoir que c'est faux – qu'il y a réellement deux morceaux de papier en face de moi. Jusqu'ici tout va bien. Mais dans la phrase suivante Ayer change la forme des mots : « Si deux morceaux de papier *sont réellement perçus* », dit-il, il ne doit pas plus être vrai qu'il y a deux morceaux de papier. Et ceci, assurément, est tout simplement faux. En fait, que « deux morceaux de papier sont *réellement perçus* » est justement ce que nous *ne* dirions *pas* dans un cas de vision double – précisément pour la raison qu'il doit *exister* deux choses si deux choses « sont réellement perçues ».

Mais, dira-t-on, n'avons-nous pas fait assez de concessions pour justifier la thèse principale que Ayer énonce ici ? Car quelle que soit l'interprétation retenue au sujet de « *sont réellement perçues* », il demeure que nous avons admis que je puis dire sans impropriété de terme « je perçois deux morceaux de papier », tout en sachant parfaitement qu'il n'existe pas réellement deux morceaux de papier devant moi. Et puisqu'il est indubitable que ces mots peuvent *aussi* être employés de manière à impliquer qu'il *existe* réellement deux morceaux de papier, ne sommes-nous pas acculés à reconnaître qu'il y a deux sens différents du mot « percevoir » ?

Eh bien, non, nous ne le sommes pas. Les faits linguistiques produits ici ne suffisent pas à prouver une affirmation de cette envergure. Tout d'abord, s'il y avait réellement deux *sens* de « percevoir », on s'attendrait naturellement à ce que « percevoir » puisse figurer avec chacune de ces acceptions dans n'importe laquelle de ses constructions. Mais, en fait, même si «je perçois deux morceaux» ne doit pas forcément signifier qu'*il y a* vraiment deux morceaux, il semble, en revanche, que «deux morceaux sont réellement perçus» *n'*est *pas* compatible avec l'existence d'un seul morceau. De telle sorte qu'il semble qu'il vaudrait mieux dire que les implications de «percevoir» peuvent varier en fonction des différences de *constructions* plutôt que de dire qu'il y a deux *sens* de «percevoir». Mais plus important encore que ceci est le fait que la vision double est un cas tout à fait *exceptionnel*, en sorte qu'il se pourrait que nous dussions étendre l'usage linguistique ordinaire pour l'intégrer. Puisque, dans cette situation exceptionnelle, bien qu'il n'y ait qu'un morceau de papier, il me semble en voir deux, je pourrais vouloir dire, *faute de mieux* : «je perçois deux feuilles de papier», sachant très bien que la situation n'est pas réellement celle à laquelle ces mots conviendraient parfaitement. Mais le fait qu'une situation exceptionnelle puisse m'induire de la sorte à employer des mots qui sont originairement adaptés à une situation différente et normale ne suffit absolument pas à établir qu'il y a, d'une manière générale, deux *sens* différents et normaux («corrects et familiers») des mots ou d'un seul d'entre les mots que j'utilise. En invoquant le cas anormal et déconcertant de la vision double, on pourrait tout au plus établir que l'usage linguistique ordinaire doit parfois être étendu pour pouvoir intégrer des situations d'exception. Ce n'est pas qu'«il n'y ait pas de problème aussi longtemps que l'on garde les deux usages distincts», comme Ayer le prétend. Il n'y a aucune raison de dire qu'*il y a* deux usages; il n'y a «aucun problème» aussi longtemps que l'on est conscient des *circonstances spéciales*.

Visitant le zoo, je pourrais dire « voilà un lion » en désignant du doigt un de ces animaux. Je pourrais dire aussi « voilà un lion », en montrant une photographie dans un album. Ceci prouve-t-il que le mot « lion » a *deux sens* et qu'il signifie dans le premier cas un animal et dans l'autre une image de l'animal ? Manifestement non. Pour couper court (dans ce cas-ci) au verbiage, reconnaissons que l'on peut utiliser dans une situation des mots originairement appropriés à une autre situation et qu'aucun problème ne surgit, pourvu que les circonstances soient connues.

En fait, dans le cas de la vision double, il n'est pas vrai que mon unique ressource soit d'étendre dans le sens qu'on vient de voir l'usage ordinaire de « je perçois deux morceaux de papier ». Sans doute le *pourrais-je*, mais en fait il existe une expression idiomatique spéciale destinée à ce cas particulier, expression que Ayer aurait eu intérêt à mentionner – à savoir « je vois le papier en double ». J'aurai pu dire également « Je le vois comme s'il y en avait deux ».

Considérons à présent le cas de l'homme qui voit une étoile, un cas dont Ayer rend compte d'une manière qui nous laisse particulièrement perplexes. L'homme, vous vous en souvenez, est censé dire deux choses : a) « Je vois une étoile qui a un volume plus grand que la terre » et b) – invité à décrire ce qu'il est effectivement occupé à voir – « Je vois une tache argentée qui n'est pas plus grande qu'une pièce de six pence ». La première observation d'Ayer, c'est que l'« on est tenté de conclure que l'une au moins de ces assertions est fausse ». Mais l'est-on ? Pourquoi devrait-on l'être ? On pourrait évidemment éprouver cette tentation si l'on était dans un état d'ignorance extrême en matière d'astronomie – c'est-à-dire si l'on pensait que ces taches argentées dans le ciel ne pourraient réellement pas être des étoiles plus grandes que la terre, ou si, réciproquement, on pensait que quelque chose qui est plus grand que la terre ne pourrait, même à une grande distance, être vu comme une tache argentée. Mais la plupart d'entre nous savent que les étoiles sont très, très grandes, et qu'elles sont très, très éloignées. Nous savons à quoi elles *ressemblent* pour l'œil nu et pour l'œil de l'observateur rivé à la terre, et nous savons au moins en partie comment elles *sont*. Aussi ne puis-je découvrir aucune raison pour laquelle on serait tenté de penser que « voir une étoile énorme » est incompatible avec « voir une tache argentée ». Ne serions-nous pas parfaitement disposés à dire, et à bon droit, que la tache argentée *est* une étoile ?

Il se peut, pourtant, que ceci ne soit pas très important, puisque bien que Ayer pense, à notre grande surprise, que nous devrions éprouver cette tentation, il pense aussi que nous devrions lui résister ; il concède, en effet, que les deux affirmations de notre observateur du ciel ne sont pas réellement incompatibles. Et il explique ensuite cela en disant que « le mot "voir", comme le mot "percevoir", est communément employé avec des sens variés ». Il y aurait un « sens » dans lequel il est vrai que l'homme voit une étoile, et un autre « sens » dans lequel il est vrai qu'il voit une tache argentée. Bien, mais quels sont ces sens ?

« Dans un sens », dit Ayer, « dans le sens où l'homme peut affirmer avec vérité qu'il voit l'étoile, il est nécessaire que l'objet vu existe réellement, mais non qu'il possède les qualités qu'il paraît posséder ». Ceci est probablement vrai, quoiqu'un peu obscur dans ce contexte. Nous pouvons admettre qu'« il est nécessaire que ce qui est vu doive réellement exister ». La difficulté concernant l'autre condition – à savoir « qu'il n'est pas nécessaire qu'il possède les qualités qu'il paraît posséder » – tient au fait qu'on ne précise pas, dans l'exemple analysé, « les qualités qu'il paraît avoir » auxquelles on pense. La tendance générale de la discussion suggère que ce sont les dimensions de l'astre que l'on a en vue. Mais, dans cette hypothèse, on se heurte à la difficulté que la question qu'on pose au sujet d'une étoile, à savoir quelles dimensions elle paraît avoir, est une question à laquelle aucun homme raisonnable n'essayerait de fournir une réponse. Il pourrait, en vérité, dire qu'elle « paraît minuscule », mais il serait absurde d'interpréter cette phrase comme voulant dire que l'étoile apparaît comme un objet qui *est* minuscule, qu'elle paraît *être* minuscule. Dans le cas d'un objet aussi immensément éloigné qu'une étoile, il n'y a réellement rien qui justifie l'expression : « les dimensions qu'il paraît avoir » quand on le regarde, puisqu'il n'est pas question de faire cette sorte d'estimation de ses dimensions. On ne pourrait pas dire raisonnablement « à juger par ses apparences, elle n'est pas plus petite ou plus grande que la terre », parce que les apparences ne fournissent en fait aucun fondement de quelque sorte que ce soit, même à un jugement aussi approximatif que celui-ci. Peut-être cependant pouvons-nous améliorer l'argument en changeant d'exemple. Il est bien connu que les étoiles scintillent. Aussi ne serait-il pas déraisonnable de dire qu'elles *paraissent* être lumineuses de manière intermittente, irrégulière ou discontinue. Ainsi, si nous tenons « pour assuré » que la luminosité des étoiles n'est pas réellement discontinue, et si nous sommes disposés à dire que nous voyons des étoiles, on peut conclure que nous n'exigeons pas que ce qui est vu possède « les qualités qu'il paraît avoir ».

Eh bien, maintenant tournons-nous vers l'autre « sens » auquel Ayer fait allusion. « Dans un autre sens », dit-il, « qui est celui dans lequel l'homme peut affirmer avec vérité que ce qu'il voit n'est pas plus gros qu'une pièce de six pence, il n'est pas possible qu'une chose semble avoir des qualités qu'elle ne possède pas réellement, mais il n'est pas davantage nécessaire que ce qui est vu existe réellement ». Ceci *serait*, peut-être, un « autre sens » de « voir », si tant est qu'un tel autre sens existe ; mais en fait il n'existe *aucun* « sens » de cette espèce. Si un homme dit « je vois une tache argentée », il « implique » *évidemment* que la tache existe, qu'il y a une tache, et s'il *n'y* a *pas* de tache dans la région du ciel nocturne qu'il regarde, si cette partie du ciel est parfaitement vide, alors évidemment il ne voit *pas* une tache argentée là. Il est inutile qu'il dise « eh bien cette région du ciel peut être parfaitement vide, mais il demeure vrai que je vois une tache argentée ; car j'utilise "voir" dans un sens tel que ce qui est vu ne doit pas nécessairement exister ».

On pourrait penser, peut-être, que je manque d'équité ici. En disant que la tache que voit l'homme observant le ciel ne doit pas nécessairement « exister réellement », Ayer ne peut pas vouloir dire, pourrait-on nous objecter, qu'il se peut qu'il n'y ait aucune tache à contempler – il veut simplement dire que la tache argentée ne doit pas nécessairement « exister réellement » en tant qu'occupant d'une région définie de l'espace physique, comme le fait l'étoile. Mais cette réplique est exclue. Car assurément Ayer veut bien dire ce que je lui impute. Rappelez-vous, en effet, qu'il a dit antérieurement d'une manière aussi explicite que possible, qu'il y a un usage « correct et familier » de « percevoir » aux termes duquel « dire d'un objet qu'il est perçu n'implique pas le fait de dire qu'il existe *en quelque sens que ce soit* ». Sur ce point, il n'y a aucun commentaire possible, sauf à dire qu'un tel usage n'existe pas [1].

Un autre trait de ce prétendu sens de « voir » est à peine moins étrange. On suggère que, selon le « sens » du mot « voir » où l'homme qui regarde le ciel voit une tache argentée, il n'« est pas possible qu'une chose quelconque puisse sembler dotée des qualités qu'elle ne possède pas réellement ». Ici, à nouveau, on ne dit pas très clairement de quelles qualités il s'agit, mais il semble que Ayer ait à l'esprit la « qualité » *de n'être pas plus grand qu'une pièce de six pence*. Mais à coup sûr il y a là quelque chose de passablement absurde. Rappelez-vous que nous parlons ici de la *tache*, non de l'étoile. Et peut-on sérieusement poser la question de savoir si la tache n'*est* réellement pas plus grande qu'une pièce de six pence, ou si, peut-être, elle ne fait que *sembler* ne pas être plus grande qu'une pièce de six pence ? Quelle différence pourrait-il y avoir entre les deux termes de cette prétendue alternative ? Dire « elle n'est pas plus grande qu'une pièce de six pence » n'est en soi rien de plus, après tout, qu'une manière approximative et sans façon de décrire son aspect. Et puis si nous pensons, au contraire, à quelque chose qui pourrait *sérieusement* être considéré comme une

1. Que dire, dès lors, au sujet de ceux qui voient des fantômes ? Eh bien, si je dis que ma cousine Joséphine a vu une fois un fantôme, même si j'enchaîne en disant que moi-même je « ne crois pas aux fantômes », quel que soit le sens que puisse avoir cette réserve, je ne peux quand même pas dire que les fantômes n'existent pas en aucun sens du mot « exister », car il y avait, en un *certain* sens, ce fantôme que Joséphine a vu. Si j'insistais pour dire que les fantômes n'existent *absolument en aucun sens du terme*, je ne pourrais me permettre d'admettre que des gens les voient jamais, je devrais dire qu'ils pensent, qu'il leur semble, qu'ils voient ces fantômes, ou quelque chose d'identique.

« qualité » de la tache – par exemple la qualité d'avoir une couleur rosâtre – nous arrivons à la conclusion, une fois de plus, qu'il n'existe pas de sens du mot « voir » tel que celui que Ayer veut nous faire admettre. Car évidemment, lorsque quelqu'un voit une tache dans le ciel nocturne, il se pourrait que, par suite de quelque anomalie ophtalmique, par exemple, cette tache lui paraisse grisâtre, alors qu'elle est en fait rosâtre. Pour donner l'impression qu'il est impossible qu'un objet observé semble avoir une qualité qu'il ne possède pas réellement, il n'y a qu'un moyen, c'*est* de choisir une expression telle que « qui n'est pas plus grand qu'une pièce de six pence » – mais dans ce cas l'impossibilité est due *non* au « sens » dans lequel le mot « voir » est utilisé, mais à l'absurdité qu'il y a à traiter le fait de « n'être pas plus grand qu'une pièce de six pence » comme si (dans ce contexte) il s'agissait d'une *qualité* au sujet de laquelle il serait sensé de *distinguer* les objets qui l'ont et ceux qui ne font que sembler l'avoir. La vérité est que, de même qu'il n'y a *pas* de sens du mot « voir » tel que ce qui est vu ne doit « exister en aucun sens », il n'y a *pas* (non plus) de sens du mot « voir » ni identique, ni différent[1], dans lequel il est impossible que ce qui est vu « puisse sembler avoir des qualités qu'il n'a pas réellement ». Je ne nie pas, évidemment, que l'on pourrait inventer arbitrairement de tels usages de ce verbe, quoique je ne voie pas pourquoi nous voudrions le faire. Mais il faut se rappeler que Ayer prétend ici

---

1. Il est difficile, en fait, de comprendre comment Ayer a jamais pu penser qu'il caractérisait un sens *unique* de « voir » en formulant cette conjonction de conditions. Car comment serait-il possible qu'ayant dit : « il doit avoir réellement les qualités qu'il semble avoir », on ajoute immédiatement « il se peut qu'il n'existe pas » ? *Quelle* est la chose qui doit avoir les qualités qu'elle semble avoir ?

décrire des « sens » de « voir » qui sont « corrects » dès aujourd'hui, et même « familiers ».

Nous sommes arrivés au terme des exemples donnés par Ayer et il apparaît qu'aucun d'eux n'étaye le moins du monde l'idée qu'il y a différents « sens » de « percevoir », « voir », etc. L'un des exemples – celui de la vision double – suggère, il est vrai, une chose à laquelle on se serait attendu de toute façon, à savoir que dans des situations d'exception, les formes ordinaires des mots peuvent être employées sans être *entendues* exactement de la manière habituelle. Le cas où nous disons que le sujet affligé de *delirium tremens* « voit des rats roses » en est un exemple de plus puisqu'ici nous ne voulons pas dire (comme nous le ferions normalement) qu'il voit des rats roses réels et vivants, mais de telles extensions de sens des mots ordinaires dans les situations exceptionnelles ne constituent certainement pas des *sens* spéciaux, moins encore des sens « corrects et familiers » des mots en question. Et les autres exemples, ou bien manquent de pertinence à l'égard du problème de la multiplicité des sens de ces mots, ou, comme dans le cas de l'étoile tel qu'il est décrit par Ayer, introduisent de prétendus « sens » qui n'existent certainement pas.

Qu'est-ce qui ne va pas dans ce cas ? Je pense que les difficultés proviennent en partie de ceci : ayant observé, d'une manière tout à fait correcte, que la question « qu'est-ce que X perçoit ? » peut recevoir – au moins normalement – beaucoup de réponses différentes, et que ces réponses différentes peuvent toutes être correctes et donc compatibles entre elles, Ayer saute à la conclusion que le mot « percevoir » doit avoir des « sens » différents. Car si ce n'était pas le cas, comment des réponses *différentes* à la question pourraient-

elles être toutes *correctes* en même temps? Mais là n'est nullement
la bonne explication de ces faits linguistiques. L'explication, c'est
simplement que ce que nous « percevons » peut être décrit, identifié, classé, caractérisé et nommé de différentes façons. Si on me
demande « qu'avez-vous frappé du pied? », je pourrais répondre
« j'ai frappé du pied un panneau de bois peint », ou « j'ai frappé du
pied la porte d'entrée de chez Jones »; chacune de ces réponses
pourrait bien être correcte; mais devrions-nous dire pour autant
que l'expression « frapper du pied » est utilisée chaque fois avec
des sens différents? Évidemment non. L'objet que j'ai frappé du
pied
– dans exactement un « sens » de « frapper du pied », c'est-à-dire
dans le sens ordinaire – pourrait être décrit comme un panneau de
bois peint, *ou* identifié comme la porte d'entrée de chez Jones. Le
panneau de bois *était* la porte d'entrée de chez Jones. Pareillement,
je puis dire « je vois une tache argentée » ou « je vois une étoile
énorme »; ce que je vois – dans le sens unique et « ordinaire » de
ce mot – peut être décrit comme une tache argentée, ou identifié
comme une très grosse étoile; car la tache en question *est* une très
grosse étoile[1].

Supposons que vous me demandiez « qu'avez-vous vu ce
matin? ». Je pourrais répondre, « j'ai vu un homme qui se faisait
raser à Oxford ». Ou je pourrais répondre d'une manière non moins
correcte, me rapportant à la même situation, « j'ai vu un homme né
à Jérusalem ». S'ensuit-il que je doive employer « voir » dans des

---

1. Il ne s'ensuit pas, évidemment, que nous puissions dire correctement : « cette
très grande étoile est une tache ». Je puis dire « ce point blanc à l'horizon est ma
maison », mais ceci ne vous autoriserait pas à conclure que j'habite un petit point
blanc.

sens différents ? Évidemment non. C'est tout simplement que deux choses sont vraies de l'homme que j'ai vu – *a*) qu'il s'est fait raser à Oxford, *b*) qu'il est né un certain nombre d'années plus tôt à Jérusalem. Et, assurément, je puis faire allusion à l'un ou à l'autre de ces faits le concernant en disant – d'une manière qui n'est *nullement* ambiguë – que je l'ai vu. Et s'il y a de l'ambiguïté ici, ce n'est pas au mot « vu » qu'il faut l'imputer.

Imaginez que je regarde à travers un télescope et que vous me demandiez, « que voyez-vous ? » ; je puis répondre 1) « une tache brillante » ; 2) « une étoile » ; 3) « Sirius » ; 4) « l'image apparaissant sur le quatorzième miroir du télescope ». Toutes ces réponses peuvent être parfaitement correctes. Avons-nous donc ici des sens différents de « voir » ? *Quatre* sens différents ? Évidemment non. L'image qui apparaît sur le quatorzième miroir du télescope *est* une tache brillante, cette tache brillante *est* une étoile et l'étoile *est* Sirius. De n'importe laquelle de ces choses je puis dire très correctement et sans aucune ambiguïté que je la vois. En effet, la manière que je choisirai effectivement de décrire ce que je vois dépendra des circonstances particulières de mon énonciation – par exemple du genre de réponse que je présume correspondre à ce qui vous intéresse, ou de l'étendue de mon savoir, ou encore de la mesure dans laquelle je suis prêt à m'exposer à la réfutation. (Il n'est pas question non plus de m'exposer sur un seul plan ; l'objet dont je parle peut être une planète, et non une étoile, Betelgeuse et pas Sirius – mais, parallèlement, il peut n'y avoir que douze miroirs dans le télescope).

« J'ai vu un homme insignifiant en pantalon noir », « J'ai vu Hitler ». Avons-nous ici deux sens différents de « voir » ? Manifestement pas.

Le fait que nous décrivons normalement, identifions ou classons ce que nous voyons de multiples manières différentes, qui varient parfois en fonction du degré d'audace de nos conjectures, rend non seulement inutile et malencontreux de pourchasser les différents sens de « voir », mais, en outre, il dévoile incidemment l'erreur des philosophes[1] qui ont soutenu que la question « que voyez-vous ? » n'admet qu'*une seule* réponse correcte, telle que par exemple : « une partie de la surface de la chose », quelle que puisse être cette chose. Car si je puis voir une partie de la surface, par exemple une partie du dessus d'une table, bien entendu je puis aussi voir et je peux dire que je vois – si je suis en position pour le faire – une table (une table de salle à manger, une table d'acajou, la table de mon directeur de banque, etc.). Cette stipulation particulière a l'inconvénient supplémentaire, si on l'adopte, de vider de son sens un mot parfaitement en règle, le mot « surface ». Car il est non seulement scandaleusement erroné de dire que ce que nous voyons d'une chose est toujours *sa surface*, mais il est également erroné de présupposer que chaque chose *a* une surface. Où est, et en quoi consiste exactement, la surface d'un chat ? Pourquoi aussi « une partie de » ? Si un morceau de papier est posé devant moi, bien en vue, ce serait s'écarter scandaleusement de l'usage que de dire que je ne vois « qu'une partie » de cet objet, sous prétexte que je n'en vois évidemment qu'un côté.

Un autre point convient d'être mentionné, au moins brièvement. En dépit du fait qu'il n'y a pas de raison valable de soutenir que « percevoir », « voir », etc. ont des *sens* différents, le fait que nous puissions offrir des descriptions variées de ce que nous perce-

---

1. G. E. Moore est visé ici [N.d.T.].

vons n'est assurément pas toute l'affaire. Lorsqu'on voit quelque
chose, il peut non seulement y avoir différentes façons de dire ce
qu'on voit, mais la chose peut aussi être vue de *différentes façons*,
être vue *diversement*. Cette possibilité qui introduit l'importante
formule « voir… *en tant que…* » a été prise très au sérieux par les
psychologues, par Wittgenstein également, mais la plupart des
philosophes qui dissertent sur la perception l'ont à peine remarquée. Les cas les plus flagrants sont, sans aucun doute, les cas dans
lesquels (comme dans l'exemple du canard-lapin de Wittgenstein),
une image ou un diagramme est conçu de manière spéciale, de sorte
qu'il peut être vu de différentes manières – comme un canard ou
comme un lapin, comme une figure convexe ou comme une figure
concave ou quoi que ce soit. Mais le phénomène se produit aussi
naturellement, pourrait-on dire. Un soldat verra autrement les évo-
lutions compliquées des hommes en armes dans la cour réservée à
la parade que quelqu'un qui ne connaît rien au sujet du drill; un
peintre, ou à tout le moins un peintre d'un certain type, peut fort
bien voir une scène autrement que quelqu'un qui ignore tout des
techniques de la représentation picturale. Ainsi, les différences
dans la manière de décrire ce qui est vu proviennent-elles très
souvent, non pas simplement de différences dans notre savoir, dans
la finesse de nos facultés discriminantes, dans notre propension à
nous exposer, ou dans notre intérêt pour tel ou tel aspect de la
situation totale; elles peuvent aussi provenir du fait que ce qui est
vu est vu différemment, vu *comme ceci* plutôt que *comme cela*. Et
parfois il n'y aura pas *qu'une seule* manière *correcte* de décrire ce
qu'on voit, pour la bonne raison qu'il n'existera pas de manière
correcte de le voir[1]. Il est important de noter que plusieurs des

1. Voyons-nous *normalement* les choses comme *elles sont réellement*? Cet

exemples que nous avons rencontrés dans d'autres contextes nous donnent l'occasion d'employer la formule « voir… comme ». Au lieu de dire que, à l'œil nu, une étoile éloignée ressemble à une tache minuscule, ou apparaît comme une tache minuscule, nous pourrions dire qu'elle est *vue comme* une tache minuscule ; au lieu de dire que, vue de la salle de music-hall, la femme dont la tête est dans un sac noir paraît être décapitée ou qu'elle a le même aspect qu'une femme décapitée, nous pourrions dire qu'elle est *vue comme* une femme décapitée.

Mais à présent nous devons reprendre le fil de l'argument philosophique. La section que Ayer consacre à « l'introduction des *sense-data* » consistait, en grande partie, vous vous en souvenez, en des tentatives visant à fonder la thèse qu'il y a différents « sens » – deux ou peut-être davantage – de « percevoir » et des autres verbes de perception. J'ai soutenu qu'il n'y a absolument aucune raison de supposer qu'existent des sens différents. Or on pourrait s'attendre à ce que cela soit une grave menace pour l'argument d'Ayer. Mais, si curieux que cela paraisse, je ne le pense pas. Car bien que son argument soit présenté *comme s'il* était tributaire de cette doctrine de la pluralité de « sens » des verbes de perception, en réalité il ne repose pas du tout sur elle.

---

heureux état de choses est-il le genre de fait qu'un psychologue pourrait entreprendre d'expliquer ? J'ai tendance à résister à la tentation d'accréditer cette façon de parler ; « voir comme » est réservé aux cas *spéciaux*. Nous disons parfois que nous voyons une *personne* « telle qu'elle est réellement » – « sous son vrai jour », mais c'est là : *a*) un sens élargi sinon métaphorique du mot « voir », *b*) plutôt *confiné* au cas des personnes, et *c*) un cas particulier, même dans ce secteur limité. Pourrions-nous dire que nous voyons les boîtes d'allumettes sous leur vrai jour ?

La manière dont les données sensibles sont finalement
« introduites » est, vous vous en souvenez, la suivante : les philosophes, dit-on, décident d'employer «percevoir» («voir», etc.)
de telle manière «que ce qui est vu ou appréhendé par un autre
des cinq sens doit réellement exister et doit réellement posséder
les propriétés qu'il paraît avoir». Ceci n'est évidement pas, en
fait, la manière dont «percevoir» («voir», etc.) est employé
d'ordinaire, ni, incidemment, une des façons d'employer ces mots
que Ayer a lui-même étiquetées «correctes et familières». C'est,
au contraire, une manière *spéciale* de les utiliser, inventée de toutes
pièces par les philosophes. Bon, ayant décidé d'employer les mots
de cette façon, les philosophes découvrent, bien entendu, que
comme candidates au titre d'objet perçu, les «choses matérielles»
ne s'acquitteront pas de leur tâche, car les choses matérielles n'ont
pas toujours réellement les propriétés qu'elles paraissent avoir, et il
peut même sembler qu'elles existent quand ce n'est pas le cas.
Ainsi, quoique peu de philosophes, si même il y en a, soient assez
outrecuidants pour nier que les objets matériels sont jamais perçus
dans quelque sens que ce soit, il faut pourtant dénommer quelque
chose d'autre comme ce qui est perçu dans ce sens spécial,
philosophique, du terme. Qu'est-ce qui satisfait *effectivement* les
exigences formulées ? La réponse est : les *sense-data*.

Or l'idée selon laquelle *il y a déjà*, dans la pratique non
philosophique, différents «sens» de «percevoir» n'a encore joué
aucun rôle dans ces manœuvres, lesquelles ont consisté essentiellement dans l'invention d'un «sens» tout à fait *nouveau*. Maintenant quel rôle joue cette doctrine ? Eh bien, selon Ayer (et Price),
son rôle est de fournir aux philosophes un motif d'inventer leur

propre sens spécial[1]. Leur propre sens spécial est inventé, selon Ayer, « afin d'éviter ces ambiguïtés ». Or la raison pour laquelle il n'est pas important de savoir qu'il n'existe pas de telles ambiguïtés est que le motif qui pousse les philosophes n'est pas, en fait, le souci d'éviter ces ambiguïtés. Leur motif véritable – et celui-ci est chevillé au cœur de toute cette affaire – est qu'ils désirent produire une espèce d'énoncés qui soient *incorrigibles*; et la véritable vertu de ce sens artificiel de « percevoir » est que, puisque ce qui est perçu dans ce sens *doit* exister et *doit* être conforme à ce qu'il paraît, je ne puis être dans l'erreur lorsque je décris ce que je perçois dans le sens de ce mot « percevoir ». Il importe d'examiner de près tout ceci.

---

1. Pour être tout à fait exact, Price voit dans l'existence de ces différents « sens » une raison d'inventer une *terminologie* spéciale. Voyez *Perception*, p. 24 : « Dans cette situation, la seule procédure sans danger, c'est d'éviter complètement le mot "percevoir" ».

CHAPITRE X

La recherche de l'incorrigible[1] est l'une des plus vénérables pierres d'achoppement dans l'histoire de la philosophie. Elle est envahissante dans toute la philosophie de l'Antiquité, plus manifestement chez Platon, et fut puissamment revigorée par Descartes qui la légua à une longue lignée de successeurs. Sans aucun doute répond-elle à de nombreux motifs et prend-elle de multiples formes. Nous ne pouvons évidemment pas nous appesantir ici sur cette question. Dans certains cas, le motif déterminant semble être un désir ardent, comparativement assez simple, d'atteindre la *certitude absolue* – désir qui peut être assez difficile à satisfaire si l'on manipule la certitude de manière à la rendre absolument inaccessible. Dans d'autres cas, chez Platon peut-être, on cherche apparemment quelque chose qui soit *toujours vrai*. Mais dans le problème auquel nous sommes maintenant confrontés, et qui remonte directement à Descartes, figure une complication de plus, sous la forme d'une conception générale de la connaissance. Et c'est évidemment à la connaissance, et pas du tout à la perception, que ces philosophes s'intéressent réellement. Chez Ayer, cela appa-

1. *Cf.* note page 12 [N.d.T.].

raît dans le titre du livre aussi bien que dans certains passages du texte. Price, quant à lui, s'intéresse plus sérieusement que Ayer aux faits réels de la perception et y consacre plus d'attention. Mais néanmoins il vaut la peine de remarquer que, après avoir posé la question initiale : « qu'est-ce que *voir* quelque chose? », Price ajoute immédiatement la phrase : « quand je vois une tomate, il y a beaucoup de choses que *je puis mettre en doute* ». Cette affirmation suggère qu'en réalité, lui aussi s'intéresse réellement non pas tant au processus de vision qu'à ce qu'on *ne peut pas* mettre en doute.

En bref, la doctrine relative à la connaissance, la connaissance « empirique », veut que la connaissance ait des *fondements*. C'est un édifice dont les étages supérieurs sont atteints par des inférences et dont les fondations sont les *data* sur lesquels reposent ces inférences. (Ainsi, évidemment – à ce qu'il semble – il doit tout simplement y avoir des *sense-data*). Or la difficulté à laquelle on se heurte avec les inférences, c'est qu'elles peuvent être non valides ; chaque fois que l'on avance d'un pas, on peut faire un faux pas. Ainsi – continue la doctrine – il est nécessaire, pour situer les étages supérieurs de l'édifice de la connaissance, de se demander si l'on pourrait s'être trompé, s'il y a quelque chose qui *pourrait* faire l'objet d'un *doute*. Si la réponse est affirmative, on n'est pas au niveau des fondements. Et, réciproquement, ce sera une caractéristique des *data* que, dans leur cas, aucun doute ne soit possible et aucune erreur ne puisse être faite. Donc chercher les données, les fondements, c'est chercher l'*incorrigible*.

Or l'exposé donné par Ayer de cette très vieille histoire est (ou du moins il l'était quand il l'écrivit) très à la mode. Il réprimande sans cesse Price et ses prédécesseurs pour avoir traité des questions de langage comme des questions de fait. Cependant, comme nous l'avons vu, ce relatif raffinement n'empêche pas Ayer d'endosser la quasi-totalité des vieux mythes et des erreurs incorporés aux arguments traditionnels. Aussi, comme nous l'avons vu, il n'est pas strictement vrai, nonobstant sa position officielle, qu'il croie pour sa part que les questions soulevées sont des questions de langage. Et finalement, comme nous le montrerons dans un moment, la doctrine selon laquelle ces questions *sont* des questions de langage le conduit, au cours de l'exposé qu'il en fait, à commettre un grand nombre d'erreurs assez graves au sujet du langage.

Mais avant de nous engager dans cette critique, j'aimerais dire un mot du hiatus qui sépare les vues officielles d'Ayer de ses vues réelles. Nous avons détecté l'existence de ce hiatus précédemment, dans la seconde section de son livre – à savoir dans sa conviction étonnante qu'il n'y a pas de faits réels portant sur les « choses matérielles », que nous pouvons dire ce que nous voulons à leur endroit, les seuls faits existant réellement étant ceux qui concernent les « phénomènes », les « apparences sensibles ». Mais la croyance qu'il n'existe réellement que des *sense-data* émerge à nouveau, plus clairement et plus fréquemment, dans le chapitre final intitulé de manière significative « La constitution des choses matérielles » (« de quoi sont faites les choses matérielles ? »). Par exemple, « en ce qui concerne la croyance dans l'"unité" et la "substantialité" des choses matérielles, je montrerai », écrit Ayer, « qu'on peut la représenter correctement comme ne requérant rien de plus que l'attribution aux *sense-data* visuels et tactiles, de certaines relations qui se nouent, en vérité, au sein de notre expérience. Et je montrerai que seul le *fait* contingent que ces relations existent réellement entre les *sense-data rend profitable la description* du flux de notre expérience en termes de l'existence et du comportement de choses matérielles » (l'italique est de moi). En outre : « je puis décrire la tâche que je suis sur le point d'entreprendre comme l'exposé des principes généraux sur lesquels nous "construisons" le monde des choses matérielles *à partir de nos ressources en sense-data* ». Évidemment, selon l'interprétation officielle, ces remarques-ci et celles de beaucoup d'autres concernent, si l'on veut parler strictement, les relations logiques qui existent entre deux *langages* différents, le « langage des *sense-data* » et celui des « objets matériels », et ne doivent pas être conçues littéralement comme concernant l'*existence* de quoi que ce soit. Mais Ayer *ne* s'en tient *pas* à parler parfois *comme si* seuls les *sense-data* existaient en fait, et comme si les « choses matérielles » n'étaient réellement que des constructions – comme celles d'un puzzle – de *sense-data*. Il est clair qu'il croit vraiment que tel est le cas. Car il admet sans discussion que le « donné » empirique de la connaissance (*evidence*)[1] est fourni *seulement* par les *sense-data*, qui se présentent à nous et que c'est *pour cette raison* que « n'importe quelle proposition qui se rapporte à une chose matérielle *doit en quelque sorte* être exprimable en termes de *sense-data*, si elle doit être empiriquement pourvue de sens » (les italiques sont à nouveau de moi). Ainsi donc, la question officielle portant sur le point de savoir comment ces deux « langages » présumés peuvent être reliés l'un à l'autre n'est jamais regardée comme étant authentiquement une question ouverte. Le langage des objets matériels *doit* d'une façon ou de l'autre être « réductible » à celui des *sense-data*. Pourquoi ? Parce que les *sense-data* constituent en fait l'intégralité de « nos ressources ».

---

1. *Evidence*, au sens anglais, signifie l'ensemble des données, des indices, des témoignages, concluants ou non, sur lesquels se fonde un jugement. L'« évidence » est plus factuelle qu'épistémologique, plus physique que mentale [N.d.T.].

Mais nous devons pénétrer un peu plus avant dans cette doctrine des « deux langages ». Sur ce sujet, Ayer est impliqué dans une polémique retentissante avec Carnap, et il sera instructif d'en suivre les étapes.

Selon la doctrine de Carnap sur ce sujet, avec laquelle Ayer se trouve partiellement en désaccord, les phrases (bien formées) d'une langue qui sont à l'indicatif, à l'exception des énoncés analytiques, peuvent être divisées en deux groupes, l'un consistant en phrases « testables empiriquement », l'autre en « énoncés d'observation » ou « énoncés protocolaires ». Une phrase appartient au premier groupe, elle peut être testée empiriquement, si et seulement si, comme dit Ayer, un énoncé d'observation peut en être « dérivé en conformité avec les règles établies du langage ». Au sujet de ces énoncés d'observation, Carnap affirme deux choses. Il dit *a)* que la question de savoir quels énoncés d'observation seront acceptés comme vrais n'est fondamentalement qu'affaire de convention. Le seul souci que nous devrions avoir, c'est de nous arranger pour que le corpus complet de nos affirmations satisfasse l'exigence de cohérence interne, il ajoute *b)* qu'il n'importe guère que nous classions telle sorte de phrases plutôt que telle autre parmi les énoncés d'observation, car « chaque phrase concrète appartenant au système langagier physicaliste peut servir, dans les circonstances appropriées, d'énoncé d'observation ».

Or Ayer est en désaccord avec Carnap sur chacun de ces points. Concernant le premier, il avance avec véhémence l'argument, par ailleurs parfaitement correct, que si n'importe laquelle de nos affirmations sur le monde dans lequel nous vivons peut prétendre sérieusement être vraie en fait (ou même fausse), alors, bien entendu, il doit y avoir à coup sûr, parmi les choses que nous disons, des choses dont la vérité ou la fausseté est déterminée par la réalité non verbale. Il ne peut être vrai que tout ce que nous disons doive seulement être apprécié du point de vue de sa compatibilité avec nos autres affirmations.

La position d'Ayer sur le second point est moins facile à situer. Ayer soutient – et ceci semble assez raisonnable – que les seules phrases qui puissent proprement être appelées « phrases d'observation » sont celles qui enregistrent des « états de choses observables ». Mais quel genre de phrases est-ce là ? Ou, comme se le demande Ayer, est-il possible de « délimiter la classe des propositions qui peuvent être vérifiées directement » ? L'ennui, c'est qu'on ne voit pas très clairement comment il répond à cette question. Il commence par dire que « cela dépend du langage dans lequel on exprime la proposition ». Aucun doute sérieux ne s'élève évidemment au sujet de la possibilité d'une vérification directe des propositions portant sur les *sense-data*. « D'autre part, lorsque nous enseignons l'anglais à un enfant, nous présupposons que les propositions relatives aux choses matérielles peuvent être vérifiées de manière directe ». Eh bien, peut-être le faisons-nous. Mais avons-nous raison de supposer pareille chose ? Ayer semble parfois dire que nous pouvons le faire impunément, mais il est difficile de voir comment il peut réellement le penser. Car (mis à part sa tendance, que nous avons déjà remarquée, à exprimer la conviction que les seuls faits réels sont ceux concernant les *sense-data*) il s'avère que les énoncés d'observation sont considérés par lui, ainsi que par Carnap, comme les *terminus* des processus de vérification. Et Ayer émet à plusieurs reprises l'opinion que les propositions relatives aux « choses matérielles » non seulement ont besoin elles-mêmes d'être vérifiées, mais aussi qu'elles sont incapables de l'être de manière concluante. Ainsi, à moins que Ayer ne soit prêt à dire que des propositions qu'*on ne peut pas* vérifier « de manière concluante » *peuvent* être vérifiées « directement » et en outre qu'elles peuvent figurer comme *terminus* dans les processus de vérification, il doit assurément nier que les propositions portant sur les choses matérielles puissent être des « énoncés d'observation ». Et, en fait, il ressort assez clairement de la tendance générale de son argumentation, autant que de sa structure interne, qu'il le nie effectivement. Pour employer les termes de Carnap, la véritable opinion d'Ayer semble être que les propositions relatives aux « choses matérielles » sont « empiriquement testables », que les propositions portant sur les *sense-data* sont « des énoncés d'observation » et que, tandis que les membres du premier groupe ne sont pas vérifiables de manière concluante, ceux du second sont effectivement *incorrigibles*.

Nous devons, à présent, faire la part du vrai et du faux dans tout ceci. Ayer a raison, comme nous l'avons déjà dit, et Carnap a tort, sur la question du rapport avec la réalité non verbale ; l'idée qu'absolument rien d'autre que la cohérence mutuelle des phrases n'est en jeu ici est une idée en vérité parfaitement délirante. Sur le second point, en revanche, Carnap du moins est plus près de la vérité que ne l'est Ayer. Il n'y a, en fait, aucune sous-classe spéciale de phrases dont la fonction soit de servir de fondement premier à d'autres phrases ou d'en être l'instrument de vérification, encore moins existe-t-il des phrases dont le caractère propre soit d'être incorrigibles. Mais Carnap n'a pas *tout à fait* raison, même sur ce point ; car si nous cherchons à voir exactement pourquoi il a presque raison, nous verrons que l'élément le plus important ici est un élément sur lequel lui et Ayer se trompent également.

En bref, tel est le problème : il semble assez généralement reconnu aujourd'hui que si vous prenez simplement un lot de phrases (ou de propositions[1], pour employer le terme que Ayer préfère) impeccablement formulées dans l'une ou l'autre langue, il ne peut être question de les classer en phrases vraies et en phrases fausses. Car (laissant hors de portée de notre explication les énoncés dits « analytiques »), pour trancher la question de savoir si une phrase est vraie ou fausse, il ne suffit pas de savoir ce qu'est une phrase, ni même ce qu'elle *signifie*, mais il est nécessaire de connaître aussi, pour parler en termes très généraux, les circonstances dans lesquelles elle est énoncée. Les phrases ne sont pas, *en tant que telles*, vraies ou fausses. Mais, à vrai dire, il est tout aussi manifeste, quand on y songe, que, pour des raisons très voisines, il ne puisse pas être question de sélectionner dans le lot de phrases celles qui fournissent une base (*evidence*) pour d'autres, celles qui sont « testables », ou celles qui sont « incorrigibles ». Ce sont à nouveau les circonstances de chaque cas particulier qui détermineront quel genre de phrase on emploiera pour fonder ceci ou cela ; il n'y a aucune espèce de phrases qui, *comme telles*, soient des pourvoyeuses de fondement, de même qu'il n'y a pas une espèce de phrases qui soient *comme telles* surprenantes ou douteuses, ou certaines, ou incorrigibles, ou vraies. C'est pourquoi, alors que Carnap a tout à fait raison de dire qu'il n'y a pas de classe spéciale

---

1. Le passage dans lequel Ayer explique son emploi de ce terme (p. 102) rend obscur ce qui est *précisément* en jeu. Car Ayer dit : *a)* que, dans son usage, « proposition » désigne une classe de phrases qui ont toutes la *même signification* et *b)* que, « en conséquence », c'est aux propositions et non aux phrases que, selon lui, il faut attribuer la vérité et la fausseté. Mais, bien entendu, savoir ce qu'une phrase signifie ne nous rend *pas* capable de dire qu'elle *est* vraie ou fausse et ce à quoi nous pouvons attribuer le vrai ou le faux n'est pas une « proposition » au sens de Ayer.

de phrases qui *doivent* être choisies comme pourvoyeuses de fondement pour le reste, il a tout à fait tort de supposer que n'importe quel genre de phrase *pourrait* être choisi de cette façon. Ce n'est pas que la manière dont nous opérons ce choix importe peu, mais bien qu'en l'occurrence il n'est pas du tout question de choisir. Ayer est dès lors également dans l'erreur lorsqu'il soutient, ce qu'il fait manifestement, que les phrases pourvoyeuses de fondement appartiennent toujours au genre des phrases portant sur les *sense-data*, en sorte que ces dernières sont *celles* qu'on doit sélectionner.

Cette idée qu'il existe un certain genre, ou forme, de phrases qui, comme telles, sont incorrigibles et pourvoyeuses de fondement semble suffisamment prévalente pour mériter une réfutation détaillée. Considérons d'abord l'incorrigibilité. L'argument part, semble-t-il, de l'observation que des phrases peuvent être identifiées comme intrinsèquement plus téméraires que d'autres et que leur énonciation nous expose davantage à l'erreur. Si, par exemple, je dis « voilà Sirius », je me trompe si, quoiqu'il s'agisse d'une étoile, cette étoile n'est pas Sirius. Tandis que si j'avais dit seulement « voilà une étoile », le fait que ce ne soit pas Sirius ne m'aurait pas ébranlé. De même, si j'avais dit seulement « cela ressemble à une étoile », j'aurais pu affronter avec la même équanimité la révélation qu'il ne s'agissait pas d'une étoile. Et ainsi de suite. Ce sont apparemment des réflexions de cette espèce qui font naître l'idée qu'il y a ou qu'il pourrait y avoir un genre de phrases dans l'énonciation desquelles je ne prends *absolument* aucun risque, mon engagement étant minimal, en sorte qu'en principe *rien* ne pourrait montrer que j'ai fait une erreur, mon propos étant donc « incorrigible ».

Mais, en fait, cet objectif idéal est totalement inaccessible. Il n'y a pas et ne pourrait y avoir aucune sorte de phrase qui fût comme telle, une fois prononcée, définitivement à l'abri de tout amendement ou rétractation. Ayer lui-même, quoiqu'il soit prêt à reconnaître l'incorrigibilité des phrases concernant les *sense-data*, s'avise d'au moins une manière dont ces phrases pourraient ne pas être incorrigibles. Il est toujours possible en principe, admet-il, si désengagé que semble être un locuteur, que *celui-ci n'emploie pas le mot qu'il faut* et qu'il doive ultérieurement reconnaître son erreur. Mais Ayer essaye, en quelque sorte, de ridiculiser et de banaliser cette réserve et pense, de toute évidence, qu'il ne fait ici que concéder la possibilité de lapsus linguistiques, de lapsus purement « verbaux » (ou évidemment de mensonges). Mais ce n'est pas le cas. Il y a plus de manières qu'il ne croit de prononcer le mot qui ne convient pas. Je puis dire, à tort, « magenta » soit par suite d'un simple lapsus, alors que je veux dire « vermillon », soit parce que je ne sais pas au juste ce que « magenta » veut dire, c'est-à-dire que j'ignore quelle nuance de couleur le terme désigne. Ou encore parce que je suis incapable de juger adéquatement de la couleur de l'objet en face de moi, ou peut-être, tout simplement parce que j'omets de la remarquer ou d'y être attentif. Ainsi, il est toujours possible non seulement que je sois amené à admettre que « magenta » n'est pas le mot qu'il faut choisir pour désigner la couleur que j'ai sous les yeux, mais *encore* que je sois amené à voir, ou peut-être à me rappeler, que la couleur en face de moi n'est tout simplement pas *magenta*. Et ceci vaut dans le cas où je dis : « il me semble, à moi personnellement, *hic et nunc*, que je vois quelque chose de magenta », tout autant que dans le cas où je dis « ceci est magenta ». La première formule est peut-être plus prudente, mais elle n'est pas *incorrigible* [1].

Oui, mais, peut-on répondre, si d'aussi formules prudentes ne sont pas *intrinsèquement* incorrigibles, il y aura assurément nombre de cas dans lesquels ce que nous dirons en les énonçant sera *en fait* incorrigible – c'est-à-dire des cas dans lesquels absolument rien ne pourrait vraiment constituer une raison contraignante de nous rétracter. Eh bien, ici, sans doute cela est vrai. Mais c'est exactement la même chose pour des énoncés dans lesquels des formes de mots tout à fait différentes sont employées. Car si, lorsque j'énonce quelque chose, rien, absolument rien, ne pourrait être invoqué comme raison contraignante de me rétracter, cela ne peut être dû qu'au fait que, m'étant mis dans la meilleure position possible pour faire l'énoncé en question, j'ai une *totale* et légitime confiance en cet énoncé au moment où je le fais. Cependant, ce qui décide s'il en est ainsi ou non, ce n'est pas le *genre de phrase* que

---

1. Ayer *ne perd pas exactement de vue* la possibilité de la mauvaise description due à une inattention, ou au fait qu'on ne remarque pas quelque chose ou encore à un manque de discrimination, il essaie bien plutôt d'*éliminer* ces possibilités dans le cas des *sense-data*. Mais sa tentative échoue pour une part et, pour une autre part, est inintelligible. Stipuler qu'un *sense-datum* a toutes les qualités qu'il paraît posséder ne suffit pas en l'occurrence, puisqu'il *n'est pas* impossible de se tromper, même lorsqu'on se limite à dire quelles qualités une chose paraît avoir – il peut arriver, par exemple, que l'on n'examine pas l'apparence de cette chose avec assez de soin. Mais stipuler qu'un *sense-datum* est tout simplement ce que le locuteur croit qu'il est – en sorte que si le locuteur *dit* quelque chose de différent, cela doit être un *sense-datum* différent – cela revient à rendre vrais par décision les énoncés véraces qui portent sur les *sense-data*. Et si les choses se passent ainsi, comment les *sense-data* peuvent-ils encore être, comme on leur demande, des entités non linguistiques *dont* nous sommes conscients, et *auxquelles* nous nous référons, et qui servent de banc d'épreuve ultime pour établir la vérité de fait de tous les énoncés empiriques ?

j'utilise pour faire mon affirmation, mais ce sont les *circonstances* dans lesquelles je la fais. Si je scrute avec soin une tache de couleur dans mon champ visuel, si je prends bonne note de ce que je vois, si je connais bien l'anglais, et si je consacre une attention scrupuleuse à ce que je dis précisément, je puis dire « il me semble maintenant que (peut-être) je vois quelque chose de rose » et absolument rien ne pourrait être invoqué pour montrer que j'ai fait une erreur. Mais c'est également le cas si j'observe pendant quelque temps un animal qui se trouve à quelques pas de moi et sous mes yeux et dans un bon éclairage, si je le palpe, si je le flaire, si je note les bruits qu'il fait : je peux alors dire que « c'est un cochon » et ce propos aussi sera « incorrigible », on ne pourra rien avancer qui montrerait que j'ai fait une erreur. Une fois que l'on abandonne l'idée qu'il existe un *genre* spécial de *phrases* qui sont *comme telles* incorrigibles, on peut aussi bien admettre (ce qui est manifestement vrai de toute façon) qu'il y a maintes sortes de phrases qui conviennent à la formulation d'affirmations et qui sont, *en fait*, incorrigibles – au sens où, lorsqu'elles sont formulées, les circonstances sont telles qu'elles sont *vraies* d'une manière tout à fait certaine, absolue et irrévocable.

Considérez ensuite le même point au sujet du fondement (*evidence*) – l'idée, une fois de plus, qu'il y a une classe spéciale de phrases dont la fonction est de formuler les bases sur lesquelles reposent des phrases d'autres genres. Deux erreurs au moins doivent être dénoncées ici.

D'abord, il n'est pas vrai, comme cette doctrine le suppose, que chaque fois qu'un énoncé « sur les objets matériels » est formulé, le locuteur doive avoir ou pourrait offrir des justifications, des fondements (*evidences*), qui le supportent. Ceci peut sembler assez plausible, mais implique un grave écart par rapport à l'usage correct de la notion de « fondement ». La situation dans laquelle on pourrait dire correctement que l'énoncé qu'un animal est un cochon repose sur un *fondement* (*evidence*), serait celle où, par exemple, l'animal lui-même n'est pas réellement en vue, mais où je puis voir nombre de traces analogues à celles que laisse derrière lui un cochon, sur le sol hors de sa retraite. Si je découvre plusieurs baquets de nourriture pour cochon, c'est là un indice de plus, et les bruits ou l'odeur peuvent fournir des indices encore plus nets. Mais si l'animal émerge alors et se tient en pleine vue, il n'est plus question de rassembler des indices, son apparition ne nous fournit pas un *indice* (*evidence*) de plus que c'est un cochon, à présent, je puis tout simplement *voir* que c'en est un et la question est tranchée. Évidemment, je pourrais, dans des circonstances différentes, n'avoir vu que cela dès le début et ne pas avoir eu à me préoccuper de rassembler des indices du tout[1]. De même, si un homme tire un coup de feu sur un autre, sous mes yeux, je puis *donner* un témoignage, comme témoin oculaire, à ceux qui sont moins bien placés que moi, mais je n'*ai* pas d'indices justificatifs, de témoignages (*evidence*) à l'appui de mon propre énoncé affirmant que le tir a eu lieu; en vérité j'ai *vu* ce tir. Ainsi, une fois de plus, nous découvrons que nous devons tenir compte non pas seulement des mots employés, mais de la situation dans laquelle ils le sont. Quelqu'un qui dit « c'est un cochon » aura parfois des indices qui témoignent en faveur de son propos, parfois il n'en aura pas. On ne peut pas dire en tout cas que la *phrase* « c'est un cochon » soit

---

1. J'ai, dira-t-on, le « témoignage de mes propres yeux », mais l'utilité de cet idiome, c'est précisément de montrer par contraste ce qui n'est pas le sens ordinaire de « témoignage ». – Je n'ai *pas* d'indice témoignant, au sens ordinaire du terme.

comme telle d'une espèce pour laquelle il faille nécessairement des indices justificatifs.

Mais en second lieu, comme l'exemple que nous avons considéré l'a déjà montré, il n'est pas vrai que la formulation des indices justificatifs, des témoignages, soit la fonction dévolue à une espèce déterminée de phrases. Les indices justificatifs, s'il y en a, à l'appui d'un énoncé portant sur les « objets matériels » seront d'habitude formulés dans des énoncés qui sont exactement du même genre que l'énoncé qu'ils fondent. En général, n'*importe* quel genre de phrases peut énoncer des fondements et témoignages à l'appui de n'*importe* quel autre genre de phrases si les circonstances sont appropriées. Il n'est pas vrai, en général par exemple, que ce sont les énoncés généraux qui sont « fondés sur » les énoncés singuliers et non l'inverse ; ma croyance que *cet* animal mangera des navets peut reposer sur la croyance que la plupart des cochons le font ; quoique, assurément, dans des circonstances différentes, je pourrais étayer l'affirmation que la plupart des cochons mangent des navets en disant que ce cochon-ci en tout cas en mange. Pareillement, et d'une manière plus pertinente peut-être à l'égard du thème de la perception, il n'est pas vrai, en général, que les énoncés relatifs à l'état des choses soient « fondés sur » des énoncés relatifs à la manière dont les choses apparaissent (*appear*), ont l'air (*look*), ou semblent être (*seem*), plutôt que l'inverse. Je pourrais, par exemple, dire « ce pilier est ventru » en me fondant sur le fait qu'il a l'air (*look*) ventru ; mais je pourrais tout aussi bien dire dans des circonstances différentes « ce pilier a l'air ventru » – en me fondant sur le fait que je viens de l'ériger et que je l'ai *construit* ventru.

Nous sommes à présent en mesure de traiter en peu de mots l'idée que les énoncés sur les « objets matériels » *en tant que tels* ne sont pas vérifiables de manière concluante. Cette affirmation est aussi erronée que l'idée que les énoncés sur les *sense-data* sont comme tels incorrigibles (thèse qui fait plus qu'« induire en erreur », comme Ayer serait prêt à le reconnaître). La doctrine d'Ayer est que « la notion de certitude ne s'applique plus aux propositions *de ce genre* »[1]. La raison qui le pousse à défendre une telle doctrine, c'est que, pour vérifier de manière concluante une proposition de ce genre, nous devrions accomplir la tâche contradictoire d'exécuter « une série infinie de vérifications ». Si nombreux soient les tests que nous réaliserions et dont les résultats seraient favorables à la proposition testée, nous ne pourrions jamais épuiser tous les tests possibles, car leur nombre est infini ; or seule la totalité des tests possibles serait *suffisante*.

Mais pourquoi Ayer (et il n'est pas le seul) avance-t-il cette idée étonnante ? Il n'est évidemment pas vrai en général que les énoncés sur les « choses matérielles » *nécessitent* comme tels une « vérification ». Si, par exemple, quelqu'un fait, au cours d'une conversation, la remarque fortuite suivante : « en fait, j'habite Oxford », son interlocuteur pourra, s'il juge que cela en vaut la peine, vérifier cette assertion ; mais le *locuteur*, évidemment, n'a nul besoin de le faire – il sait qu'elle est vraie (ou, s'il ment, qu'elle est fausse). À parler strictement, en vérité, ce n'est pas seulement que le locuteur n'a pas *besoin* de vérifier son énoncé, mais bien

---

1. Il a tort également, soit dit en passant, comme beaucoup d'autres avant lui, lorsqu'il soutient que la « notion de certitude » s'applique aux « propositons *a priori* de logique et de mathématique » comme telles. Beaucoup de propositions de logique et de mathématique ne sont pas du tout certaines ; et si beaucoup d'autres le sont, ce n'est pas simplement parce qu'elles *sont* des propositions de logique et de mathématique, mais parce qu'elles ont été établies d'une manière particulièrement rigoureuse.

plutôt que, étant donné qu'il le sait vrai, rien de ce qu'il pourrait faire ne *compterait* pour lui comme une «vérification» de cet énoncé. Et il ne doit pas davantage être vrai que le locuteur se trouve dans cette position parce qu'il a vérifié son assertion à une étape antérieure; car, en vérité, de combien de personnes sachant parfaitement bien où elles habitent, pourrait-on dire qu'elles ont *vérifié* à un moment donné qu'elles vivent bien là? Quand pourrait-on supposer qu'elles auraient procédé à pareille vérification? De quelle manière? Et pourquoi? L'idée erronée que nous trouvons ici est, en fait, une sorte de reflet de la doctrine fallacieuse concernant les indices que nous venons de discuter plus haut; l'idée que les énoncés sur les «choses matérielles» *comme tels* ont besoin d'être vérifiés est aussi erronée et elle l'est exactement de la même manière que l'idée que les énoncés portant sur les «choses matérielles» doivent *comme tels* reposer sur un fondement (*evidence*). Les deux idées prennent d'emblée une mauvaise direction sous l'effet de l'erreur répandue consistant à négliger les *circonstances dans lesquelles* les propos sont tenus – et à supposer que les mots peuvent être discutés seuls (isolés du contexte) et d'une manière tout à fait générale.

Mais même si nous acceptons de nous limiter aux situations dans lesquelles les énoncés peuvent être, et doivent être, vérifiés, cela continue à paraître désespéré. Pourquoi diable devrait-on penser que pareille vérification ne peut jamais être concluante? Si, par exemple, vous me dites qu'il y a un téléphone dans la pièce à côté et que (éprouvant des doutes) je décide de le vérifier, comment quelqu'un pourrait-il penser sérieusement qu'il m'est *impossible* de le faire de manière concluante? Je gagne la pièce d'à côté et il y a là quelque chose qui ressemble tout à fait à un téléphone. Mais ne pourrait-ce pas être une peinture en trompe l'œil ? Je puis être fixé tout de suite là-dessus. Peut-être est-ce un récepteur postiche qui n'est pas relié au réseau et dont l'intérieur est vide. Eh bien, je puis le démonter un peu et vérifier, ou l'employer réellement pour appeler quelqu'un – et peut-être amener mon correspondant à m'appeler à son tour, rien que pour me rassurer. Et, naturellement, si je fais toutes ces choses, je *serai* rassuré. Que pourrait-on exiger de plus ? Cet objet a déjà résisté à une quantité suffisamment ample de tests conçus pour prouver qu'il est réellement un téléphone ; il n'est pas seulement vrai que, pour les fins normales de la pratique quotidienne, tout cela vaut bien un téléphone, mais ce qui remplit tous ces tests *est* tout simplement un téléphone – sans aucun doute.

Cependant, comme on peut s'y attendre, Ayer a une raison d'adopter cette opinion peu commune. Il soutient, comme article d'une doctrine générale que, quoique selon ses vues les énoncés sur les « objets matériels » ne soient jamais strictement équivalents aux énoncés sur les *sense-data*, il n'en demeure pas moins que « dire quoi que ce soit au sujet d'un objet matériel c'est dire *quelque chose*, mais pas la même chose, à propos de classes de *sense-data* ». Ou, comme il dit parfois, un énoncé sur une « chose matérielle » *implique* « l'un ou l'autre ensemble d'énoncés sur les *sense-data* ». Mais – et ceci est la difficulté à laquelle il se heurte – il n'y a pas d'ensemble *défini* et *fini* d'énoncés sur les *sense-data* qui soit impliqué par un énoncé sur une « chose matérielle ». Ainsi, si assidûment que je vérifie les énoncés sur les *sense-data* impliqués par un énoncé sur une « chose matérielle », je ne puis jamais exclure la possibilité qu'il y ait d'*autres* énoncés sur les *sense-data*, que cet énoncé sur les choses matérielles implique également, mais qui, s'ils étaient mis à l'épreuve, se révéleraient faux. Mais, évidemment, si on peut découvrir qu'un énoncé implique un énoncé faux, il s'ensuit que l'on peut découvrir du même coup qu'il est faux lui-même, et c'est là une possibilité que, selon la doctrine, on ne peut pas en principe éliminer totalement. Et comme, toujours selon la doctrine, la vérification consiste précisément dans cette mise à l'épreuve des énoncés sur les *sense-data*, il s'ensuit que la vérification ne peut jamais être concluante [1]. Parmi les nombreux éléments contestables de cette doctrine, le plus étrange, à certains égards, est l'emploi qui est fait de la notion d'implication (*entailment*). Qu'*implique* la phrase « c'est un cochon » ? Eh bien, il y a peut-être quelque part, figurant dans le dossier de quelque autorité en matière de zoologie, un énoncé des conditions nécessaires et suffisantes d'appartenance à l'espèce *porcine*. Dès lors, peut-être, si nous employons le mot « cochon » dans ce sens strict, dire d'un animal qu'il est un cochon impliquera qu'il satisfait à ces normes, quelles qu'elles puissent être. Mais, de toute évidence, ce n'est pas là le type d'implication que Ayer a à l'esprit ; elle ne s'applique d'ailleurs pas particulièrement à l'usage ordinaire du mot « cochon » [2]. Mais de quelle autre sorte d'implication s'agit-il ici ? Nous avons une idée assez approximative de ce à quoi ressemblent les cochons, de ce à quoi ressemblent leur odeur et les bruits qu'ils émettent, et aussi de la manière dont ils se comportent habituellement ; et sans

1. Les choses matérielles sont construites par des combinaisons d'éléments comme les puzzles, mais puisque le nombre de pièces du puzzle n'est pas fini, nous ne pouvons jamais savoir si le puzzle est parfait, il peut y avoir des pièces manquantes ou des pièces qui ne s'emboîtent pas.

2. De toute façon, la définition officielle ne couvrira pas toutes les possibilités, celle des monstres par exemple. Si l'on me montre un cochon à cinq pattes dans une fête foraine, je ne puis réclamer mon argent sous prétexte que le fait d'être un cochon implique de n'avoir que quatre pattes.

aucun doute, si quelque chose n'avait pas tout à fait l'air que doit avoir un cochon, ne se comportait pas comme le font les cochons, ou n'émettait pas les bruits et les odeurs d'un cochon, nous dirions que ce n'est pas un cochon. Mais y a-t-il – doit-il y *avoir* – des *énoncés* de la forme « il a l'air… », « on l'entend comme… », « il sent comme… » dont nous pourrions dire d'emblée que l'expression « c'est un cochon » les implique ? Manifestement pas. Nous apprenons le mot « cochon » comme nous apprenons la grande majorité des mots désignant des choses ordinaires, de manière ostensive – c'est-à-dire par le fait qu'on nous dit, en présence de l'animal, « *ceci* est un cochon » ; et ainsi quoique, assurément, nous apprenions à quel genre de choses le mot « cochon » peut, ou ne peut pas, être appliqué légitimement, nous ne passons cependant par aucune sorte d'étape intermédiaire reliant le mot « cochon » à un ensemble d'*énoncés* relatifs à la manière dont les choses apparaissent à la vue, ou s'entendent, ou se sentent. Le mot n'est tout simplement pas introduit de cette façon dans notre vocabulaire. Ainsi, quoique évidemment nous en venions à former en nous certaines attentes quant à ce qui se produira et à ce qui ne se produira pas lorsqu'un cochon sera dans les parages, il est tout à fait artificiel de représenter ces attentes sous la couleur d'*énoncés impliqués* par « ceci est un cochon ». Et pour cette raison précise, il est, au mieux, tout à fait artificiel de parler comme si le fait de vérifier qu'un animal est un cochon consistait à procéder à un contrôle sur les énoncés impliqués par « c'est un cochon ». Si nous concevons de cette façon la vérification, assurément les difficultés foisonneront, nous ne saurons pas exactement où commencer, comment continuer et où nous arrêter. Mais ce que montrent les considérations que nous venons d'émettre, ce n'est pas que « ceci est un cochon » est très difficile à vérifier ou ne peut être vérifié de façon concluante, mais bien plutôt que la procédure préconisée par Ayer est une caricature inacceptable de la vérification. Si la procédure de vérification était correctement décrite de cette façon, alors, en vérité, nous ne pourrions dire exactement ce qui constituerait une vérification concluante de l'affirmation qu'un animal est un cochon. Mais ceci ne montre pas qu'il y ait, en réalité, la moindre difficulté, normalement, à vérifier qu'un animal est un cochon, si l'occasion s'en présente. Tout ce que montre l'analyse qu'on vient de faire, c'est que la représentation de ce qu'*est* la vérification a été complètement faussée [1].

Nous pouvons ajouter la précision suivante, qui s'écarte des observations précédentes tout en y étant liée : quoique assurément nous ayons des idées plus ou moins définies sur ce que des objets d'un genre particulier feront ou ne feront pas et sur la manière dont ils réagiront ou ne réagiront pas dans l'une ou l'autre situation, en dépit de cela, il serait grossièrement artificiel de les représenter sous la forme d'implications définies. Il y a un grand nombre de choses que je tiens pour assuré qu'un téléphone ne fera pas et sans

---

1. Une autre façon de montrer que l'« implication » est hors de propos dans ce contexte est de supposer que les mésanges, toutes celles que nous avons rencontrées, soient des mésanges à moustaches, de sorte que nous disions sans hésiter « toutes les mésanges sont moustachues ». Cela *implique*-t-il que ce qui n'est pas moustachu n'est pas une mésange ? Pas vraiment, car si l'on découvre des specimens sans moustache dans un territoire nouvellement exploré, eh bien il est clair que nous ne parlions pas d'*eux* quand nous disions que les mésanges sont moustachues ; nous devons repenser la question et peut-être reconnaître cette nouvelle espèce de mésanges glabres. Pareillement, ce que nous disons de nos jours des mésanges ne se rapporte pas *du tout* à l'éo-mésange préhistorique ou aux mésanges d'un futur éloigné que quelque changement de l'atmosphère transformera peut-être en espèce sans plume.

doute un nombre infini de choses que je ne songerais jamais à considérer qu'il pourrait faire ; or assurément il serait parfaitement absurde de dire que « ceci est un téléphone » implique toute la galaxie des énoncés affirmant qu'il ne fait pas et ne fera pas ces choses et de conclure que je n'ai pas *réellement* prouvé que quelque chose est un téléphone, tant que je n'ai pas, *per impossibile*, confirmé toute la classe infinie de ces implications présumées. Est-ce que « ceci est un téléphone » *implique* « vous ne pourrez pas le manger » ? Dois-je essayer de le manger et échouer au cours de cette tentative pour être certain que c'est un téléphone [1] ?

On peut donc résumer comme suit les conclusions auxquelles nous sommes arrivés jusqu'à présent :

1. Il n'y a pas de *genre* ou de *classe* de phrases (« propositions ») dont on puisse dire que *comme telles* :

a) elles sont incorrigibles ;

b) elles procurent un fondement à d'autres phrases et

c) elles doivent être mises à l'épreuve pour que d'autres phrases puissent être vérifiées.

2. Il n'est pas vrai des phrases portant sur les « choses matérielles » que *comme telles* :

---

1. Les philosophes ont, je pense, accordé trop peu d'attention au fait que la plupart des mots dans l'usage ordinaire sont définis ostensivement. Par exemple, on a souvent trouvé énigmatique le fait que A ne *puisse* pas être B, si être A n'implique pas ne pas être B. Mais il arrive souvent que tout simplement « A » et « B » soient introduits et définis ostensivement comme des mots destinés à désigner des *choses différentes*. Pourquoi le valet de cœur ne peut-il être une reine de pique ? Peut-être avons-nous besoin ici d'un nouveau terme : « ostensivement analytique ».

a) elles doivent être justifiées (*supported by evidence*) ou fondées (*based on evidence*);

b) elles aient besoin d'une vérification;

c) elles ne puissent pas être vérifiées de manière concluante.

En fait, les phrases – *à l'opposé des énoncés faits dans des circonstances particulières* – ne peuvent *pas du tout* être classées selon ces principes, en deux groupes, ni en un nombre quelconque de groupes. Et ceci signifie que la doctrine générale de la connaissance que j'ai présentée schématiquement au début de la présente section, doctrine qui hante les théories de la connaissance du genre de celles que nous avons discutées, est *fondamentalement* mal conçue et viciée *dans son principe*. Car même si nous faisions la supposition téméraire et gratuite que ce qu'une personne particulière sait à un moment et à un endroit déterminés pourrait être décomposé systématiquement et arrangé en fondements et en super-structures, ce serait une erreur de principe de supposer que le même traitement peut être appliqué à la connaissance *en général*. Et c'est pourquoi il ne *pourrait* y avoir de réponse *générale* aux questions: qu'est-ce qui est un fondement pour une chose quelconque, qu'est-ce qui est certain, qu'est-ce qui est douteux, qu'est-ce qui a besoin ou n'a pas besoin de fondement, qu'est-ce qui peut ou ne peut pas être vérifié? Si la Théorie de la Connaissance est une discipline qui consiste à fournir les bases d'une réponse à ces questions, il n'existe pas de telle discipline.

Avant d'abandonner ce sujet, pourtant, nous devrions examiner une doctrine de plus concernant les « deux langages ». Cette ultime doctrine est erronée, mais pas tout à fait pour les mêmes raisons que celles que nous venons juste de discuter et elle a un certain intérêt en elle-même.

Il n'est pas facile de dire exactement ce qu'est cette doctrine, aussi emploierai-je les propres mots d'Ayer (les italiques sont de moi). Il dit, par exemple : « Tandis que la signification d'une phrase qui se rapporte à un *sense-datum* est *déterminée avec précision* par la règle qui met celui-ci en corrélation avec le *sense-datum* en question, une *précision* de cet ordre ne peut être obtenue dans le cas d'une phrase qui se rapporte à un objet matériel. Car la proposition que pareille phrase exprime diffère d'une proposition sur les *sense-data* en cela qu'il n'y a pas de faits observables constituant les conditions nécessaires et suffisantes de sa vérité » [1]. Et encore « ... Nos références aux objets matériels sont *vagues* dans leur application aux phénomènes... » [2].

Eh bien, peut-être ne voit-on pas très clairement ce que signifiaient exactement ces remarques. Mais il est en tout cas assez clair que ce qu'on voulait nous faire comprendre est que les énoncés sur les *sense-data* – tous les énoncés de cette sorte – sont, de quelque façon et dans un certain sens, *précis*, tandis que, par contraste, les énoncés sur les choses matérielles sont, de quelque façon et dans un certain sens, vagues et qu'ils le sont *tous*. Il est d'entrée de jeu difficile de voir comment pareille affirmation pourrait être vraie : est-ce que « il y a ici trois cochons » est un énoncé vague ? Est-ce que « il me semble que je vois peut-être quelque chose de rosâtre » n'est *pas* vague ? Le second énoncé est-il *nécessairement* précis dans un sens dans lequel le premier serait tout simplement incapable de l'être ? Et n'est-il pas surprenant que la précision soit appariée à l'*incorrigibilité* et le vague à

---

1. Ayer, *op. cit.*, p. 110. L'expression « les faits observables » signifie ici, comme c'est souvent le cas, et peut seulement signifier : « faits sur les sense-data ».

2. Ayer, *op. cit.*, p. 242.

l'*impossibilité de vérifier*? Après tout, nous parlons de gens qui
« se réfugient » dans le vague – en général, plus vous êtes précis,
plus vous avez de chances d'avoir tort, tandis que vous avez de
bonnes chances de *ne pas* être dans l'erreur si vous rendez votre
énoncé suffisamment vague. Mais ce dont nous avons vraiment
besoin ici, c'est d'une observation plus fine des notions de
« vague » et de « précis » elles-mêmes.

« Vague » est elle-même une notion vague. Supposez que je
dise que quelque chose, par exemple la description que quelqu'un
fait d'une maison, est vague. Il y a un très grand nombre de traits
possibles – et ce ne sont pas nécessairement des défauts, cela
dépend de ce dont on a besoin – que la description pourrait posséder
en tout ou en partie et qui justifieraient que je la qualifie de vague.
Ce peut être *a*) une description *approximative* communiquant seulement une « idée approximative » de la chose à décrire ; ou *b*) une
description *ambiguë* sur certains points, en sorte que la description
conviendrait et pourrait être prise comme signifiant ceci ou cela ;
ou *c*) imprécise, ne spécifiant pas de manière précise les traits de la
chose décrite ; ou *d*) peu *détaillée* ; ou *e*) formulée en *termes généraux* qui couvrent un grand nombre de cas différents ; ou *f*) pas
très *exacte* ; ou peut-être aussi *g*) pas très *fournie* ou *complète*. Une
description pourrait sans doute présenter tous ces traits à la fois,
mais il est clair qu'ils peuvent aussi survenir indépendamment les
uns des autres. Une description plutôt grossière et incomplète peut
être tout à fait exacte telle quelle. Elle peut être détaillée, mais très
imprécise, ou dépourvue de toute ambiguïté, mais néanmoins très
générale. En tout cas, il est parfaitement clair qu'il n'y a pas qu'une
seule façon d'être vague, ou une seule façon de ne pas être vague,
c'est-à-dire d'être *précis*.

D'habitude, ce sont les *usages* des mots, non les mots eux-mêmes, que l'on qualifie proprement de « vagues ». Si, par exemple, en décrivant une maison, je dis entre autres choses qu'elle a un toit, le fait que je ne dise pas quel genre de toit elle a peut être un des traits qui conduiront ceux qui m'entendent à juger ma description un peu vague. Mais il ne semble pas y avoir de raison valable qui nous oblige à dire que le mot « toit » lui-même est un *mot* vague. On conviendra qu'il y a différentes sortes de toits, comme il y a différentes sortes de cochons ou de policiers, mais ceci ne veut pas dire que tous les usages de « toit » soient de nature à nous laisser dans le doute en ce qui concerne ce que l'on veut dire exactement. Il peut arriver que nous désirions « plus de précision » de la part du locuteur, mais pour désirer cela nous devons, on peut le présumer, avoir quelque raison spéciale. Le fait de s'appliquer à une gamme très vaste d'exemples différents est un trait évidemment extrêmement répandu. Le nombre de mots qui le présentent dépasse de beaucoup, je pense, celui des mots auxquels nous voudrions donner l'étiquette de *mots* vagues. En outre, presque n'importe quel mot peut nous faire échouer au milieu des difficultés dans les cas marginaux ; mais, encore une fois, ceci ne suffit pas à donner de la consistance au reproche d'être vague. (Soit dit en passant, la raison pour laquelle beaucoup de mots présentent ces traits n'est pas qu'ils figurent dans une langue d'« objets matériels », mais qu'ils figurent dans la langue *ordinaire*, où une exactitude excessive dans les distinctions serait positivement oiseuse ; ils contrastent non avec les mots relatifs aux « *sense-data* », mais avec les terminologies spéciales des « sciences exactes »). Il y a, cependant, quelques mots notoirement inutilisables – le mot « démocratie », par exemple – dont certains usages ont toujours beaucoup de chances de nous plonger dans un doute authentique quant à ce qu'on voulait leur faire dire et dans ce cas il semble assez raisonnable de dire que le *mot* est vague.

Le champ de discussion du mot « précis », c'est le domaine du *mesurable*. Ici, être précis consiste à employer une échelle graduée suffisamment fine. « 709, 864 pieds » est une réponse très précise à la question portant sur la longueur d'un paquebot (quoiqu'elle puisse ne pas être juste). Les *mots* peuvent être qualifiés de précis lorsque leur application, en quelque sorte, est circonscrite entre des limites étroites. « Bleu comme un œuf de canard » est, à tout le moins, un terme plus précis que « bleu ». Mais il n'y a évidemment aucune réponse générale à la question de savoir quel degré de finesse doit avoir une échelle graduée ou dans quelles limites l'application d'un mot doit être circonscrite pour que la précision soit atteinte – cela tient en partie au fait qu'il n'y a pas de limite à l'introduction de divisions et de discriminations de plus en plus fines, et en partie au fait que ce qui est (suffisamment) précis lorsqu'on a certains buts en vue sera trop approximatif et grossier par rapport à d'autres objectifs. Une description ne peut pas plus être absolument, définitivement et ultimement *précise*, par exemple, qu'elle ne peut être absolument fournie ou *complète*.

Le mot « précisément » peut être et doit être distingué de « exactement ». Si je mesure une banane avec une règle, je puis trouver qu'elle a une longueur précise de 5 et 5/8 pouces. Si je mesure ma règle avec des bananes, je puis trouver qu'elle a la longueur exacte de six bananes, quoique je ne puisse pas revendiquer une grande précision pour cette méthode de mesure. Si je dois diviser un chargement de sable en trois parties égales, sans disposer d'appareils de pesage, je ne puis exécuter cette tâche de *manière précise*. Mais si j'avais à diviser une pile de 26 briques en trois piles, je ne pourrais le faire de manière à *tomber exact*. On pourrait dire que, dans le cas où l'expression «exactement» est utilisée, il y a quelque chose de passionnant et de spécialement remarquable. Le fait qu'il est deux heures *exactement* est une «nouvelle» qui possède plus d'*éclat* que le fait qu'il est deux heures trois minutes et la découverte du *mot exact* (qui peut ne pas être un mot précis) produit une sorte d'explosion de joie.

Qu'en est-il de «juste»? Manifestement, ni un mot, ni une phrase ne peuvent être, comme tels, justes. Considérez des cartes, par exemple, là où la justesse est tout à fait à sa place; une carte juste n'est pas, pour ainsi dire, un *genre* de carte comme peut l'être, par exemple, une carte à grande échelle, une carte détaillée, ou une carte dessinée clairement. Sa justesse est affaire d'*ajustement* de la carte *au* terrain dont elle est une carte. On est tenté de dire qu'un rapport juste, par exemple, doit être *vrai* tandis qu'un rapport très précis ou détaillé ne doit pas nécessairement l'être; et il y a quelque chose de correct dans cette idée, quoiqu'elle me mette plutôt mal à l'aise.

Il est assurément clair que «faux mais juste» est une expression inacceptable; mais «juste et donc vrai» ne semble pas tout à fait correct non plus. Serait-ce seulement que «vrai» est redondant après «juste»? Cela vaudrait la peine de comparer ici la relation de «vrai» à, disons, «exagéré». Si l'expression «exagéré et *donc* faux» semble ne pas être tout à fait acceptable, on pourrait tester les expressions «faux *au sens* d'exagéré», «faux *ou plutôt* exagéré», ou «affirmation fausse *dans la mesure où* elle est exagérée». Évidemment, de même qu'aucun mot ou bout de phrase n'est juste comme tel, aucun mot ou bout de phrase n'est comme tel une exagération. Mais nous digressons.

Comment devrons-nous comprendre dès lors l'idée que les phrases sur les *sense-data* sont comme telles précises, tandis que les phrases sur les « choses matérielles » sont intrinsèquement vagues ? La seconde partie de cette idée est, dans un sens, intelligible. Ce que Ayer semble avoir à l'esprit, c'est que le fait d'être une balle de cricket, par exemple, n'implique pas le fait d'être regardé plutôt que touché, regardé dans un éclairage déterminé ou à distance et sous un angle particulier, touché de la main plutôt que du pied, etc. Ceci est évidemment parfaitement correct et n'appelle que le commentaire suivant : l'absence d'implication à laquelle pense Ayer ne justifie nullement que l'on qualifie de vague la phrase « c'est une balle de cricket ». Pourquoi dirions-nous qu'elle est vague « dans son application aux phénomènes » ? L'expression n'est assurément pas destinée à « s'appliquer aux phénomènes ». Elle est destinée plutôt à identifier une espèce particulière de balle – une espèce qui est en fait définie d'une manière tout à fait *précise* – et cette identification, l'expression en question la réalise d'une manière parfaitement satisfaisante. Que penserait le locuteur si on lui demandait d'être *plus* précis ? Incidemment, comme on l'a souligné plus haut, ce serait une erreur de supposer qu'un accroissement dans la précision va toujours de pair avec un progrès. Car il est, en général, plus difficile d'être plus précis, et plus le vocabulaire est précis, moins aisément il est adaptable aux exigences des situations nouvelles.

Mais la première partie de la doctrine est beaucoup moins facile à saisir. Quand Ayer dit que « la signification d'une phrase qui se rapporte à un *sense-datum* est déterminée de manière précise par la règle qui la met en corrélation avec le *sense-datum* en question », il est difficile de croire qu'il veut dire qu'une phrase de ce genre peut se rapporter seulement à *un* sense-datum *particulier*, car si c'était le cas il ne pourrait pas y avoir de *langage* des *sense-data* (mais seulement, je suppose, des « noms de *sense-data* »). D'autre part, pourquoi diable devrait-il être vrai *en général* que des expressions utilisées pour renvoyer aux *sense-data* soient précises ? Une difficulté surgit dans ce contexte : Ayer ne nous met jamais réellement en mesure de savoir s'il regarde le « langage des *sense-data* » comme quelque chose qui existe déjà et que nous utilisons ou s'il le conçoit comme un langage simplement possible qui pourrait, en principe, être inventé. Et c'est pour cette raison qu'on ne sait jamais exactement ce que l'on est censé prendre en considération, ni où chercher des exemples. Mais la réponse à cette question n'a guère d'importance pour notre propos. Que le langage que nous considérons soit un langage existant ou un langage artificiel, il n'y a de toute façon aucune liaison nécessaire entre la référence aux *sense-data* et la *précision*. Les termes classificatoires à utiliser pourraient être extrêmement approximatifs et généraux, et pourquoi pas, ma foi ? Il est vrai, on peut en tout cas le supposer, que la référence aux *sense-data* ne pourrait pas être « vague dans son application aux phénomènes » dans le sens exact où Ayer soutient que la référence aux « choses matérielles » *doit* l'être ; mais on peut répondre que ceci n'est pas réellement une façon d'être vague, et même si c'en était une, il est assez clair que, si l'on évite d'être vague, la précision ne sera nullement garantie pour autant. Car il y a plus d'une manière d'être vague.

Ainsi, au résumé que nous avons exposé quelques pages plus haut, nous pouvons à présent ajouter ceci : il n'y a aucune raison de dire que les expressions employées pour renvoyer aux « choses matérielles » sont (comme telles intrinsèquement) vagues ; et il n'y a aucune raison de supposer que des expressions utilisées pour renvoyer à des « *sense-data* » seraient (comme telles, et nécessairement) précises.

CHAPITRE XI

Je conclus par quelques remarques sur une partie de l'ouvrage que Warnock a consacré à Berkeley[1]. Dans ce livre, qui contient pas mal de choses avec lesquelles je suis généralement d'accord, Warnock se révèle un praticien relativement prudent. Évidemment, il écrit bon nombre d'années après Price et Ayer. Il est cependant clair, je crois, que les choses dérapent sérieusement à un moment donné, car Warnock aboutit à une dichotomie opposant deux genres d'énoncés, les uns sur les « idées » et les autres sur les « objets matériels », dichotomie qui est exactement de la même espèce que celles combattues tout au long de cette étude. Tout ce que Warnock essaie de faire, il est vrai, c'est de présenter une version de la doctrine de Berkeley, en écartant ce qu'il considère être des erreurs et des obscurités *évitables*; il n'expose donc pas explicitement ses propres vues. Certaines émergent cependant au cours de la discussion et, de toute façon, j'essaierai de montrer que Warnock regarde d'un œil beaucoup trop indulgent la version des idées de Berkeley qu'il présente. Tout se passe sans heurt. Il n'y a absolument pas de *tromperie* et pourtant, à la fin, le remède a tué le patient.

1. Warnock, *Berkeley*, chapitre 7-9.

Warnock commence (dans le passage qui nous occupe) par tenter d'expliquer ce que Berkeley voulait dire, ou au moins ce qu'il aurait dû vouloir dire, par son *motto* que « seules nos propres idées » sont « immédiatement perçues ». Pourquoi, pour commencer, Berkeley trouva-t-il à redire à des remarques quotidiennes telles que l'observation que nous voyons des chaises et des arcs-en-ciel, que nous entendons des diligences et des voix, que nous sentons l'odeur des fleurs et du fromage ? Ce n'est pas, dit Warnock, qu'il considérait que de telles remarques ne sont jamais *vraies*. Son idée était qu'en tenant de tels propos, nous parlons d'une façon relâchée[1]. Quoiqu'il n'y ait pas grand mal à dire, par exemple, que j'entends une diligence sur la route, « à parler strictement, ce que j'*entends* en fait est un son »… Et pareillement dans les autres cas ; nos jugements ordinaires de perception sont toujours « relâchés ». Pour autant que ces jugements aillent au-delà de ce que nous percevons effectivement, nous faisons des « inférences » ou des suppositions.

Le commentaire de Warnock sur ceci est que nous faisons, communément comme Berkeley le dit, des suppositions et que nous prenons certaines choses pour assurées lorsque nous rapportons (par exemple) ce que nous voyons ; Warnock pense toutefois que Berkeley a tort lorsqu'il soutient que faire des suppositions ou

---

1. En fait, Warnock laisse la raison d'être du propos de Berkeley dans une grande obscurité, en prétendant, comme il le fait, en formuler un nombre stupéfiant de versions. Outre qu'il dit que Berkeley s'attaque au laxisme dans la parole, il le représente de temps à autre comme motivé par un souci d'*exactitude*, de *précision*, de *rigueur* et de *clarté*, par le souci de l'usage *correct* des mots, de l'usage *propre* des mots ; de l'emploi des mots qui s'*ajuste* aux faits *au plus près*, et qui n'exprime rien de plus que ce que nous *avons le droit* d'affirmer. Il semble regarder toutes ces affirmations comme revenant de l'une ou l'autre manière au même.

des inférences, ce soit toujours parler de manière relâchée. « Car pour rapporter correctement ce que je vois en fait, il me suffit de limiter mon énoncé à ce que *j'ai le droit de dire* sur la foi de la vision que j'ai dans les circonstances présentes. Et, lorsque les conditions d'observation sont bonnes, j'ai certainement le droit de dire que je vois un livre » ; de même « ne faire aucune supposition à propos de ce qui produit les bruits que j'entends, c'est être spécialement circonspect en disant ce que j'entends ; mais parler correctement ne requiert pas que nous soyons toujours aussi circonspects que possible ». Il est vrai, admet Warnock, que la question « qu'avez-vous vu en fait ? » exige que la personne qui répond soit *moins* libérale dans ses conjectures et ses fondements justificatifs venant de l'extérieur, etc. que ne le fait la question « qu'avez-vous vu ? ». Mais elle n'exige cependant pas que toute conjecture et tout indice soient complètement éliminés et Berkeley a tort de suggérer que, « strictement », cette élimination est requise.

Sur un point au moins, cependant, Warnock lui-même s'est fourvoyé. Il illustre la distinction entre « voir » et « voir en fait » par le cas du témoin soumis à un interrogatoire contradictoire et qui reçoit la consigne sévère de restreindre ses observations à ce qu'il *a vu en fait* ; et il conclut de ce (seul !) exemple que dire ce qu'on a vu vraiment, c'est toujours se rétracter un peu, être un peu plus prudent, réduire la portée de ce que l'on affirme. Mais ce n'est tout simplement pas vrai en général. Il peut arriver que ce soit tout le contraire. Je puis commencer, par exemple, par dire que j'ai vu une petite tache argentée, et poursuivre en disant que ce que j'ai effectivement vu était une étoile. Je puis dire à titre de preuve que j'ai vu un homme tirer un coup de fusil et dire ensuite « je l'ai vu effectivement commettre le meurtre ! ». C'est-à-dire que (pour m'exprimer brièvement et approximativement) je peux supposer que je vois ou penser que je vois *plus* que je ne vois vraiment mais parfois également, *moins*. Warnock est obnubilé par le cas du témoin intimidé. Avant d'accorder le moindre poids au mot « effectivement », il aurait été plus avisé non seulement s'il avait passé en revue beaucoup plus d'usages de ce mot, mais aussi s'il les avait comparés à des expressions voisines telles que « réellement », « en fait », « dans la réalité des faits », « en effet ».

Mais quoi qu'il en soit, continue Warnock, Berkeley s'intéresse réellement non à savoir ce qu'*effectivement* nous percevons, mais à savoir, en réponse à sa propre question, ce que nous percevons *immédiatement*. À ce sujet, Warnock écrit que « l'expression percevoir immédiatement n'a pas du tout d'usage ordinaire » et pour cette raison, il pense que Berkeley a parfaitement le droit de l'utiliser à son gré. (Cette opinion est en soi décidément d'une témérité qui passe les bornes. L'expression « percevoir immédiatement » peut bien ne pas avoir une signification *claire*, mais « immédiatement » est en tout cas un mot tout à fait usuel, dont la signification ordinaire a assurément des implications et des associations que l'argument exploite, en fait, dans une large mesure). Eh bien, comment Berkeley emploie-t-il cette expression ? Warnock avance l'explication suivante : « Je dis, par exemple, que je vois un livre. Admettons que ce soit là une manière parfaitement correcte de parler. Mais il y a encore dans cette situation quelque chose (et ce n'est pas le livre) qui est vu *immédiatement*. Car, indépendamment de la question de savoir si les recherches ultérieures confirmeront l'affirmation que je vois un livre, et quelles que soient mes connaissances et mes croyances au sujet de ce que je vois, et quoi que je puisse voir, toucher ou sentir si je me rapproche, il y a en tout cas *maintenant* dans mon champ visuel une certaine forme colorée, ou un schème (*pattern*) de couleurs. C'est cela que je vois *immédiatement*… Cela est plus "fondamental" que le livre lui-même, au sens où, bien que je puisse voir immédiatement ce schème de couleurs, sans qu'il y ait là un livre, je ne pourrais pas, en revanche, voir le livre ni *quoi que ce soit* sans que de pareilles formes colorées n'apparaissent dans mon champ visuel ».

Mais cette explication *introduit-elle* de façon satisfaisante l'expression « percevoir immédiatement » ? Il semble que ce que l'on va dire que je vois « immédiatement » doit être ce qui est « dans mon champ visuel ». Mais le sens de cette dernière locution ne nous est pas expliqué du tout. Le livre n'est-il pas dans mon champ visuel ? Et si la réponse correcte à la question de savoir ce qui est dans mon champ visuel doit être, comme Warnock le suppose, « une forme colorée », pourquoi devrait-on assumer en outre que celle-ci est « quelque chose qui n'est *pas le livre* » ? Il serait assurément tout à fait naturel et tout à fait correct de dire, « cette tache de rouge là *est* le livre » (*cf.* « ce point blanc est ma maison »). Parce qu'il néglige le fait qu'on peut très souvent et très correctement dire des formes colorées, des taches de couleur, etc., qu'elles *sont* les choses que nous voyons, Warnock est tout simplement en train d'introduire sans crier gare dans son explication la dichotomie, si crucialement préjudiciable, des objets matériels et des entités d'une autre sorte. En outre, il a lui-même admis, dans plusieurs passages antérieurs, que des taches de couleur, etc., peuvent être et sont dites être vues dans un sens parfaitement ordinaire et familier; aussi peut-on se demander pourquoi nous devons à présent dire qu'elles sont vues immédiatement, comme si elles nécessitaient un traitement spécial.

Par la suite, l'exposé de Warnock prend un tour tout à fait nouveau. Jusqu'ici, il semble être tombé d'accord avec les vues de

Berkeley au point de lui concéder qu'il existe des *entités* d'une certaine espèce qui ne sont pas des «choses matérielles» – et qui sont ce que nous «percevons immédiatement». Mais dans les deux chapitres qui suivent, il adopte la manière linguistique de raisonner, essayant de mettre en évidence le *genre de phrase* qui exprime un «jugement de perception immédiate». Partant du *motto* de Berkeley selon lequel «les sens ne font pas d'inférences», Warnock enclenche le processus familier de raffinement réducteur et d'émondage, avec l'intention d'arriver à une forme idéalement fondamentale et complètement minimale d'assertion. Il prend un départ plutôt mauvais, qui révèle qu'il est déjà à mi-chemin de la perdition. Ce qu'il recherche, dit-il, c'est un genre d'assertion «dans l'énonciation de laquelle nous ne faisons pas d'inférences», ou comme nous avons suggéré qu'il vaudrait mieux dire, nous ne prenons rien pour assuré et ne faisons aucune supposition.

Étant donnée la façon dont il présente les choses, il est clair qu'il commet l'erreur (qui nous est à présent familière) de supposer qu'il y a une certaine *forme de mots* spécialisée qui satisfait cette exigence, tandis que d'autres mots ne la satisfont pas. Mais ses propres exemples permettent de voir que ceci *est* une erreur. Considérez l'énoncé «j'entends une voiture». Ceci est, dit-il, un énoncé non minimal, ce n'est pas un énoncé de «perception immédiate», puisque, quand je fais ce jugement, le son que j'entends me conduit à «faire certaines suppositions qu'une investigation ultérieure pourrait infirmer». Mais en fait, la question de savoir si je fais des suppositions qui pourraient se révéler erronées dépend non de la forme de mots que j'emploie, mais des circonstances dans lesquelles je suis placé. La situation que Warnock a, de toute évidence, à l'esprit est celle dans laquelle j'entends un son analogue à celui émis par une voiture, mais où je ne dispose d'aucune autre information autre que ce son. Mais qu'en est-il si je sais déjà qu'il y a une voiture dehors ? Qu'en est-il si je puis effectivement la voir et peut-être la toucher et en sentir l'odeur ? Quelle supposition pourrait-on m'imputer, *dans ce cas*, si je disais « j'entends une voiture ? ». Quel « complément d'enquête » serait nécessaire ou même possible dans ce cas[1] ? Présenter la locution « j'entends une voiture » comme *intrinsèquement* vulnérable, en insinuant que son énonciation *peut seulement* être fondée sur le simple fait d'entendre un son, n'est guère qu'une construction *ad hoc*.

En outre, Warnock condamne comme également non minimale la formulation « j'entends une sorte de ronronnement » sous prétexte que quelqu'un disant cela assure qu'il n'a pas de bouchons d'oreilles. Le bruit pourrait être en réalité très fort et n'avoir qu'apparemment l'intensité d'un ronronnement, à cause des bouchons d'oreilles que porte le locuteur. Cependant, on ne peut dire sérieusement « mais vous pourriez porter des bouchons d'oreilles » *chaque fois* que l'homme qui entend le bruit s'exprime de cette façon. Car le locuteur ne *suppose* pas nécessairement qu'il ne porte pas ces appareils, il peut fort bien le *savoir* et la suggestion qu'il pourrait le présupposer peut être elle-même parfaitement absurde.

Quoique Warnock insiste sur le fait que ni lui ni Berkeley n'ont l'intention de jeter le doute sur les jugements que nous faisons dans

---

1. Pour une part, ces difficultés proviennent de ce que Warnock ne précise jamais suffisamment *ce qui* est censé être présumé, ou considéré comme accordé. Parfois il semble avoir à l'esprit des faits additionnels concernant la situation présente, parfois le résultat d'investigations futures par le locuteur, parfois la question de ce que d'autres observateurs relateraient. Mais peut-on supposer que toutes ces choses reviennent au même ?

la vie courante, ni l'intention d'argumenter en faveur d'une des espèces de scepticisme philosophique, le procédé consistant à représenter certaines expressions comme étant vulnérables *en général* est, évidemment, l'un des principaux artifices par lesquels les thèses du scepticisme se sont frayé un chemin. Dire, comme fait Warnock, que nous faisons des suppositions et tenons certaines choses pour assurées *chaque fois* que nous faisons une assertion ordinaire donne évidemment à ces dernières une certaine apparence de précarité et il est vain pour Warnock de protester que ni lui ni Berkeley n'avaient cette intention-là. On pourrait ajouter que Warnock intensifie de manière subtile cette apparence de précarité en choisissant ses exemples dans la sphère de l'audition. Il est, en effet, très souvent vrai que, si nous ne tenons compte que du son, nous faisons une certaine inférence lorsque nous disons ce que nous entendons et il est très souvent facile de voir comment nous pourrions nous tromper. Mais alors la vision n'est *pas*, contrairement à ce que Warnock prend insidieusement pour assuré, exactement comme l'audition, car il est caractéristique que c'est à la vue voyant la chose qu'il incombe de trancher la question qui se pose à l'audition.

Ce que Warnock est réellement en train d'essayer de faire, cependant, ce n'est pas de produire une formulation qui ait le maximum de certitude, mais une formulation qui soit la moins aventureuse possible, par l'usage de laquelle nous prenons le moins possible de risques. Et à la fin, il arrive à la formule : « il me semble maintenant que peut-être… », qu'il emploie à titre de préfixe qui garantit l'« immédiateté » et qui confine le locuteur dans les limites de « ses propres idées ». La doctrine berkeleyenne selon laquelle les objets matériels sont des « collections d'idées » peut alors être présentée, pense Warnock, sous une livrée linguistique, comme la doctrine selon laquelle une phrase au sujet d'un objet matériel *signifie la même chose qu'une* collection indéfiniment vaste de phrases appropriées commençant par « il semble à... que peut-être... ». « Tout énoncé portant sur n'importe quelle chose matérielle est en fait (ou peut être analysé en) un ensemble indéfiniment vaste d'énoncés sur ce qui semble ou sur ce qui, dans des conditions appropriées, semblerait si le locuteur et d'autres personnes et Dieu entendaient, voyaient, sentaient, tâtaient, flairaient ».

Or Warnock, non sans raison, juge inacceptable cette version de la relation entre les énoncés sur les « choses matérielles » et les énoncés sur les « idées ». Il y a, en vérité, quelque chose d'absurde dans l'idée que tout ce que nous pouvons jamais réellement faire, c'est d'entasser de plus en plus d'énoncés concernant l'apparence des choses, et si c'est là ce que Berkeley voulait dire, alors les personnes qui ont dit qu'il avait échoué à rendre justice à la « réalité des choses » avaient le bon droit pour elle. Mais Warnock ne laisse pas les choses dans cet état. Il continue en disant que les énoncés sur les « choses matérielles » ne sont pas *les mêmes* que des collections d'énoncés relatifs à l'apparence des choses – les deux sortes d'énoncés sont dans la même relation l'un à l'autre que les *verdicts* par rapport aux *témoignages*, ou au moins la relation qui les unit est, comme il dit, « très semblable à celle-là ». « Il y a une différence logique essentielle entre la discussion des témoignages et le prononcé d'un verdict – une différence qui ne peut être abolie par n'importe quelle compilation, si grande soit-elle, de témoignages, si concluants soient-ils... Pareillement, il y a une différence logique essentielle entre le fait de dire comment les choses semblent être et le fait de dire comment elles sont – une différence qui ne peut être écartée en rassemblant toujours plus de descriptions sur l'apparence des choses ».

Mais cette comparaison est, en réalité, tout à fait désastreuse. Elle incorpore manifestement l'adhésion à un grand nombre d'erreurs que nous avons mentionnées plus haut – l'adhésion à l'idée, par exemple, que les énoncés sur les « choses matérielles » *comme tels* reposent toujours et doivent toujours reposer sur des fondements (*evidences*) et qu'il existe un autre genre particulier de phrases dont la fonction est de fournir ces fondements. Mais, comme nous l'avons vu, la question de savoir si je dispose ou non, et si j'ai besoin ou non, de *fondements* pour ce que je dis n'est pas une question concernant le genre de phrase que j'émets, mais les circonstances dans lesquelles je suis placé ; et si un fondement est produit ou exigé, il n'existe pas de phrase d'un genre spécial ni de formulation qui soit prescrite pour le procurer.

Mais la comparaison de Warnock mène également tout droit à ce genre précis de « scepticisme » qu'il est officiellement soucieux de désavouer. Car les verdicts sont formés à la lumière des témoignages, par les juges et les jurys – c'est-à-dire précisément par des gens qui *ne* sont *pas* vraiment des *témoins* oculaires de l'affaire en cause. Prononcer un verdict sur la base d'un témoignage, c'est précisément se prononcer sur une chose pour laquelle on n'est pas une autorité de première main. Aussi, dire que les énoncés sur les « choses matérielles » sont en général comme des verdicts, c'est impliquer que nous ne sommes jamais, que nous ne pouvons jamais être, dans la meilleure position pour les formuler – et que, pour ainsi dire, nous ne pouvons jamais être les témoins oculaires de ce qui se passe dans le monde matériel, que nous ne pouvons en obtenir que des témoignages. Mais présenter les choses de cette façon, c'est rendre tout à fait raisonnable la suggestion que nous ne pouvons jamais savoir, que nous ne pouvons jamais être certain de la vérité de quoi que ce soit que nous disons au sujet des « choses matérielles » ; car, après tout, il paraît que nous n'avons rien que des témoignages pour nous aider, nous n'avons pas d'accès direct à ce qui se passe réellement, et les verdicts, évidemment, sont notoirement faillibles. Mais qu'il est absurde, en vérité, de suggérer que *je donne un verdict* quand je raconte ce qui se passe sous mes yeux ! C'est précisément ce genre de comparaison qui cause de réels dommages.

En outre, la représentation de la situation selon Warnock met les choses à l'envers et déforme la réalité. Ses énoncés de « perception immédiate », loin d'être ce d'où nous partons pour *avancer* vers les énoncés plus ordinaires, sont en réalité atteints en dernier lieu et ils sont atteints dans la version de Warnock de la façon suivante : en *battant en retraite* par rapport aux énoncés plus ordinaires au moyen d'échappatoires progressives. (Voilà un tigre – il *semble* que voilà un tigre – *il me* semble que voilà un tigre – il me semble *maintenant* que voilà un tigre – il me semble maintenant que *voilà peut-être* un tigre). Il semble extraordinairement pervers de présenter comme étant ce sur quoi les énoncés ordinaires sont fondés une formulation qui, *partant* d'un énoncé ordinaire et l'incorporant, qualifie celui-ci et l'atténue de différentes manières. Vous devez avoir quelque chose en poche avant de pouvoir faire des dépenses extravagantes. Ce que suggère le langage de Warnock, l'idée que nous pouvons cesser d'atténuer notre énoncé s'il y a une bonne raison de le formuler sans réserve, n'est pas conforme à la réalité. Le fait est que nous ne *commençons* pas à atténuer nos énoncés à moins qu'il n'y ait quelque raison spéciale de le faire, quelque petite anomalie ou quelque petite bizarrerie dans la situation particulière où nous nous trouvons.

L'erreur la plus générale et la plus grave qui vicie l'argumentation de Warnock est tout simplement qu'il s'est mis (ou qu'il s'est laissé conduire par Berkeley) dans une situation où il gobe la doctrine des deux langages – et où il paraît, au moins temporairement, avaler en cours de route la doctrine des deux entités.

La question qui en résulte concernant la façon dont le langage des fondements (le langage des idées) est relié au langage des objets matériels, question à laquelle Warnock essaie de répondre, est une question qui n'a pas de réponse. C'est une question tout à fait irréelle. Notre principal souci doit être de ne pas nous laisser embobiner au point de poser jamais cette question. Warnock, je pense, aggrave encore la situation en s'arrêtant à la formule particulière « il semble... que peut-être... ». Car cette formule est déjà lourdement chargée avec les idées de faire un jugement, de trancher entre les témoignages, d'arriver à des verdicts possibles. Mais rien d'autre ne ferait beaucoup mieux l'affaire comme branche de cette dichotomie foncièrement fausse. La bonne politique n'est pas celle qu'adopte Warnock et qui consiste à raccommoder un peu et à faire marcher convenablement cette dichotomie. Ce programme est irréalisable. La bonne politique sera de revenir à une étape antérieure et de démanteler toute la doctrine avant qu'elle ne prenne son envol.

TABLE DES MATIÈRES

J. L. AUSTIN
LE LANGAGE DE LA PERCEPTION

Achevé d'imprimer en octobre 2019
sur les presses de
La Manufacture - Imprimeur – 52200 Langres
Tél. : (33) 325 845 892

N° imprimeur : 191414 - Dépôt légal : mai 2007
Imprimé en France